当代商务英语语言与翻译多维视角新探

齐真珍 ◎ 著

吉林大学出版社
·长春·

图书在版编目（CIP）数据

当代商务英语语言与翻译多维视角新探 / 齐真珍著. -- 长春：吉林大学出版社, 2022.5
ISBN 978-7-5768-0578-9

Ⅰ.①当… Ⅱ.①齐… Ⅲ.①商务—英语—翻译—研究 Ⅳ.①F7

中国版本图书馆 CIP 数据核字 (2022) 第 173269 号

书　　名	当代商务英语语言与翻译多维视角新探
	DANGDAI SHANGWU YINGYU YUYAN YU FANYI DUOWEI SHIJIAO XINTAN
作　　者	齐真珍　著
策划编辑	殷丽爽
责任编辑	殷丽爽
责任校对	安　萌
装帧设计	李文文
出版发行	吉林大学出版社
社　　址	长春市人民大街 4059 号
邮政编码	130021
发行电话	0431-89580028/29/21
网　　址	http://www.jlup.com.cn
电子邮箱	jldxcbs@sina.com
印　　刷	天津和萱印刷有限公司
开　　本	787mm×1092mm　1/16
印　　张	11.5
字　　数	220 千字
版　　次	2023 年 1 月　第 1 版
印　　次	2023 年 1 月　第 1 次
书　　号	ISBN 978-7-5768-0578-9
定　　价	72.00 元

版权所有　　翻印必究

前　言

随着经济全球化的不断深入和发展，商务英语在国家对外经济贸易和经济合作当中的应用场景不断增加，但同时由于对外经济贸易的多样化和复杂性，也逐渐增加了商务英语语言翻译工作的难度。中外贸易往来频繁，语言文化的差异性导致中外商务往来摩擦较多，造成一系列问题，经过商务人士多年的经验积累与互相交流，形成一个具有特色的英语语言交际系统——商务英语。我国的对外商务活动要想争取更大的成功，必须突破语言障碍，要对使用的商务英语有一个全面、深刻的认识和把握。目前，我国正处于经济转型的重要阶段，商务英语语言与翻译工作的重要性不言而喻，因此，提高商务英语翻译工作的质量将有利于促进我国经济贸易发展和文化交流合作。商务英语语言和翻译应跳出传统模式及观念的束缚，根据市场需求及学生实际情况进行教育教学改革，关注英语基础知识技能的同时还要关注商务业务能力的发展，培养出真正适合现代化商务企业的应用型人才。现阶段，国际市场对商务人才培养提出了更高的要求，对外交流的语言与技术复合型人员成为国际市场急需的人才。

本书第一章为商务英语语言基本情况，分别介绍了商务英语语言特点、商务英语语言能力和商务英语语言服务产业三个方面的内容；第二章为商务英语翻译基本情况，分别从商务英语翻译的特点和原则、商务英语翻译的标准和商务英语翻译的策略三个方面详细展开论述；第三章为商务英语语言与翻译相关理论，分别介绍了商务英语翻译影响因素、商务合同翻译探究和商务英语语言与翻译的价值三个方面的内容；第四章为商务英语语言与翻译教学，分别从语言经济学视角下商务英语教学、多模态视域下商务英语教学、课程思政视角下的商务英语教学和产出导向法视域下商务英语教学四个维度进行教学的深入探索；第五章为商务英语语言与翻译多维探索，内容包括目的论指导下商务英语语言与翻译、跨文化语境下商务英语语言与翻译、商务英语语言与翻译人才培养和商务英语语言与翻译实践探究四个方面的内容。

在撰写本书的过程中，作者得到了许多专家学者的帮助和指导，参考了大量的学术文献，在此表示真诚的感谢。本书内容系统全面，论述条理清晰、深入浅出，但由于作者水平有限，书中难免会有疏漏之处，希望广大同行及时指正。

齐真珍
2021 年 1 月

目　录

第一章　商务英语语言基本情况 1
　　第一节　商务英语语言特点 1
　　第二节　商务英语语言能力 7
　　第三节　商务英语语言服务产业 11

第二章　商务英语翻译基本情况 18
　　第一节　商务英语翻译的特点和原则 18
　　第二节　商务英语翻译的标准 26
　　第三节　商务英语翻译的策略 35

第三章　商务英语语言与翻译相关理论 48
　　第一节　商务英语翻译影响因素 48
　　第二节　商务合同翻译探究 57
　　第三节　商务英语语言与翻译的价值 68

第四章　商务英语语言与翻译教学 77
　　第一节　语言经济学视角下商务英语教学 77
　　第二节　多模态视域下商务英语教学 83
　　第三节　课程思政视角下的商务英语教学 95
　　第四节　产出导向法视域下商务英语教学 107

第五章　商务英语语言与翻译多维探索 ··· 121
第一节　目的论指导下商务英语语言与翻译 ······························· 121
第二节　跨文化语境下商务英语语言与翻译 ······························· 128
第三节　商务英语语言与翻译人才培养 ··· 134
第四节　商务英语语言与翻译实践探究 ··· 160

参考文献 ··· 171

第一章　商务英语语言基本情况

在全球一体化发展的今天，不管是国际经济活动，还是国际政治、文化活动，都需要借助一种强有力的语言工具，这种工具就是商务英语。商务英语在全球一体化发展和国际贸易开展过程中发挥着非常重要的作用和价值，但是商务英语因其特有的语言特征，在实际应用的过程中存在着一些不足和问题。

本章主要论述商务英语语言基本情况，分别从商务英语语言特点、商务英语语言能力和商务英语语言服务产业三个方面进行介绍。

第一节　商务英语语言特点

商务英语，顾名思义便是与商务有关的英语。更确切地说，商务英语指在各国经济贸易交流中，将一国语言准确无误地转化为另一国语言所用到的英语。商务英语是人们从事对外商务活动时使用的英语语言，广泛应用于国际贸易、金融、营销、国际经济合作等领域。商务英语是为国际商务提供语言服务的工具，是一套标准化的商务语言。

商务英语研究方面：Halliday（1964）指出商务英语属于专门用途英语（English for Specific Purposes，ESP）的一个分支。Brieger（1997）提出商务英语包括语言知识、沟通技能、专业内容三个板块，其中语言知识是商务英语的理论框架，沟通技能是跨文化交际的目标，国际商务学和国际贸易学等学科可以为专业内容板块提供宽广平台。Dudley Evans 和 St.John（1998）指出商务英语是专门用途英语的一个分支，包括普通用途商务英语和专门用途商务英语。Ellis Johnson（2002）指出商务英语具有自身的特殊性，这有别于 ESP（English for Specific Purposes，ESP）的其他分支，一般是特殊行业对特定语言和专业知识的相融合学科，通过沟通能力从而达到商务活动的最终目的。

商务英语在世界各国贸易往来方面发挥了举足轻重的作用，能够为世界各个国家经济、科技、文化等方面的交流做出贡献，从而推动了经济社会的持续发展。

商务英语和旅游英语、师范英语、法律英语、农业英语等英语统称为 ESP（English for Specific Purposes，ESP），旨在通过"英语+专业"的模式培养出对应专业领域的复合型人才。商务英语则是以"英语+商务"的模式培养发展高端商务型人才，为国际商务合作服务。

在国际市场中，由于各国语言、文化的差异，贸易双方的沟通交流往往存在一定障碍。而商务英语的出现和发展打破了世界各国的文化壁垒，极大促进了各国之间的交流与合作，也促进了各国之间的贸易往来。商务英语是连接贸易双方的桥梁，是贸易商必不可少的交流工具，在国际贸易中发挥着巨大作用。

随着经济全球化的进一步发展，商务英语在国际贸易中得到了越来越广泛的应用。如今，商务英语几乎服务于国际贸易的所有环节，极大地便利了国际贸易的进行。在国际贸易不断变化发展的同时，商务英语也在与时俱进，不断更新升级，以满足国际贸易的需要，进一步促进国际贸易的发展。

国际贸易交流是有"行话"的，一切与商务有关的洽谈都会涉及许多"行话"，其中既有术语，也有惯用句型。在错综复杂的商务洽谈中，不论是卖方介绍产品、报盘、说明交易条款、确认订单、催促开证、通知出货，还是买方咨询产品、询价、还盘、订购、指示、委托、收货等，每一种说法都有其固定的表达习惯。商务英语是在长期的商务洽谈中逐渐约定俗成的。

一、商务英语语言结构特点

商务类文章具有较强的逻辑性，每个段落内容紧密相连，且都围绕文章中心句展开，每个段落都有一句小中心句，安排合理，文章中也会含有逻辑性词汇来表示并列、表转折、表顺序、表因果等。

（一）文章标题简洁形象

从篇幅标题来看，商务英语类的篇幅标题往往生动形象地概括了全文的主体内容。标题主要由简单句构成，短小精悍。句型通常分为陈述句、疑问句、反问句或者强调句，意思表达准确到位，既吸引读者的阅读兴趣，又能让读者很快定位到文章的中心主旨。

（二）内容具有固定性和逻辑性

从结构内容来看，商务英语类文章严谨，讲究固定性和逻辑性。例如商务合同、商务信函和商务报告往往都具有各自的文章结构特点，常使用并列句式的结构，通过词汇之间的互补体现出更为准确的意思，从而使信函内容更加严谨，又多使用虚拟语气，表达写信人的愿望以及提出的请求，语气相对委婉，更巧妙使用复合句，措辞严谨且条理清晰，如 furthermore、likewise、although、on the contrary、as a result 等，是商务英语中众多过渡手段之一。

二、商务英语语句特点

（一）多使用礼貌用语

在国际商务活动中，不论是誊写商务信函还是参与商务谈判，频繁地使用礼貌用语不仅能够在对方心目中建立起良好的第一印象，更能够通过准确地表达期望来快速实现交易目的。please、look forward to 等礼貌用语有助于加强与老顾客之间的关系，并与新顾客建立新的业务关系。

（二）广泛应用简单句

由于国际商务交际讲究效益和效率，偏僻的词汇可能会增加双方的沟通障碍，因此商务英语的主要特点就是简洁明了。多使用一些易懂、规范且正式的词汇，便于商务交易双方理解和接受，内容直截了当，修饰语不多，这一特点也是由国际商务交际的性质决定的。商务英语在句式上大多采用简单句和并列句，尤其在商务函电中表现极为突出。简单句能够让读者读起来更加清楚明白，例如，"We'd like to express our desire to establish business relationship with you on the basis of quality, mutual benefit and exchange of needed goods."（我们希望在保证质量、互惠互利以及交易彼此需要的货物的基础上和你们建立业务关系）。再比如，"in the event that" 换成 "if"，"acknowledge receipt of" 换成 "receive" 等。此外，国外买家的教育背景各不相同，切忌使用过于生僻或者晦涩难懂的语言，以免在沟通过程中造成障碍。

（三）用语严谨

对外贸易商务活动要体现的是贸易双方平等互惠、彼此尊重、各守规矩，在商务交流中也要始终以使用严谨、明确的语言为原则，因此在商务交流文本中，无论词汇、句式还是格式的运用上都非常正式和严谨。在商务英语合同信函中经常会涉及许多有关贸易术语、价格条款的句子，所以在翻译的时候必须做到严谨无误。但是这类句子往往具有严谨性和复杂性，因为合同和信函本身必须直截了当地说明相关数据,比如时间、地点、价格、货号等,这样会使交流更加方便简单。

例如在涉及食品相关信息的文本中,长句明显更多更密集,这是为了让句意表达更为完整和严谨,而且在阐述食品行业某个现象、规律或者客观事物时,将会频繁使用被动语态和一般现在时态,这凸显的是商务英语文体的客观性与科学性。如果英语文本涉及贸易合同、法律文书等方面内容时,正式和严谨的特点将更为鲜明。在用词上很少使用修饰性词语,整体句型简洁明快;文本结构严谨工整,严格遵守国际惯例或者国际标准。

(四)多层次和逻辑缜密

商务英语具有句型多层次、逻辑关系复杂的特点。由于商业活动的特殊性和重要性,它往往涉及签署和创建商业合同和法律文件,句子中的歪曲或歧义会在交易双方间造成误解,因此与普通英语相比,商务英语使用长句的频率高于任何普通英语。使用长句的好处是它涵盖了很多信息,并能更准确、合乎逻辑地表达观点和概念。虽然它不是简洁的,但它可以是一个完整的结构和一个紧凑的结构。在商务英语中应尽量避免使用省略句,以确保各方之间没有歧义。

三、商务英语词汇特点

(一)使用大量专业术语和缩略词

在商务办公的情况下,企业业务繁忙,而商务信函来往频繁,商务人士为了提高工作效率,就产生了大量的专业术语和缩略词。商务英语源于普通英语,不仅具有普通英语的语言特性,而且还是商务知识和普通英语的综合体。商务英语的词汇、语言表达形式与商务专业知识紧密相关,它融合了商务理论和商务实践两方面的信息。当某个词汇运用到商务活动中时,我们不仅要考虑它在普通英语中的含义,更要结合商务背景知识来翻译它的意思,不能够只按照表面上的意思翻译。

商务英语有着很强的专业性,比如,商务英语中的专业缩写词汇 CIF,它是成本 cost、保险 insurance 以及运费 freight 的缩写,其汉语意思是指连带着运费和保险在内到达目的地的价格。又如商务英语中的专业术语 WPA,它不仅包含单独海损赔偿的意思,还有水渍险的含义,也可以是无线电脑网络安全系统的意思,这些含义非常容易混淆,所以说,商务英语具有很强的专业性。

商务英语专业性特征的形成原因，一方面在于对外贸易中经常涉及各种专业理论知识，另一方面在于在长期以来的贸易实践中所形成的行业性术语。以食品行业为例，食品对外贸易中商务英语的专业性主要体现在专业词汇的频繁运用上。例如关于食品成分信息的专业词汇 carbohydrate（碳水化合物）、riboflavin（核黄素）、additive（食品添加剂）、dietary fiber（食用纤维）等；关于食品加工的专业英语词汇 deabsorption（解析）、dehydration（脱水）、extraction（浸取）、fermentation（发酵）等；关于食品贸易的专业英语词汇 port dues（港口税）、mport surcharge（进口附加税）、price including commission（含佣价）等。通过上述所举的例子可以看出，对外贸易中所涉及的专业词汇非常多。

缩略词指的是一种书面词语或者短语的缩短形式，用来代替整体，主要起到简化、方便的作用。在外贸商务交流之中，为了实现效率更高的交流活动，外企所提供的商务英语原文都以简洁、明了为主，剔除了繁杂、冗长的语句，而缩略词有着体量简短、信息量大的优势，因此，缩略词往往被普遍运用到商务英语之中，并且已经成为国际商务交流的惯例。英语缩略词一般有首字母缩写、拼缀词、截短词等几种表现形式，举例来说，在食品对外贸易的商务交流之中，最为常见的便是首字母型缩略词，关于食品信息的缩略词 ADI（Acceptable Daily Intake 每日允许摄入量）、NVI（Nutritive Value Index 营养价值指数）、GMO（Genetically Modified Organism 转基因）等；关于食品认证的缩略词有 CFSI（China Food Safety Initiative 中国食品安全倡议）、FSSC（Food Safety System Certification 食品安全体系认证）等。缩略词在语言中出现必须简单明了，这样才能提高人们在各种活动中的交际效率，这同样适用于国际商务人士广泛接受的专业英语首字母缩略词。

例如在国际贸易中的"clean L/C""clean B/L"，在普通英语中，"clean"的意思为"干净的、清洁的"，但是结合国际贸易方面的知识，"clean L/C"在商务中应该译为"光票信用证"，而"clean B/L"则译为"清洁提单"。所以，即使是在商务英语中它也有两种不同的译法。再比如"offer"，这个单词在日常英语中的含义是"提供"，而在商务英语中就要译为"报盘"。商务英语中缩略词的应用更加简化了商业信息的传递，例如商务中的价格术语：成本加运费（Cost and Freight，简称 CFR）、成本加保险费加运费（Cost Insurance and Freight，简称 CIF）。在翻译商务英语的缩略词时一定要严谨缜密，一个字母的差异就会造成付款方式的改变，订单金额就会相差十万八千里，甚至还会导致巨大的商业损失。

(二)加入古语词和外来词

在普通英语中很少使用类似 thereof（由此）、whereas（鉴于）、hereby（下述）等由几个介词构成的合成副词。但是在商务英语的合同以及信件中，合成副词的合理使用不仅能够使文章看起来正式严谨，还能使文章通顺流畅。商务英语外来词汇的应用也体现在商务合同的保险条款项下，例如不可抗力"force majeure"（来自法语）、按比例分配"pro rata distribution"的"pro rata"（来自拉丁语）。国际商务英语中使用的专业词汇和半专业词汇大多来自拉丁语、希腊语和法语，使用这些外来词会使商务英语更加正式。因此在翻译的时候，就需要查阅相关资料，做到译意准确。

(三)商务新词的不断涌现

从现阶段来看，商务英语已经在社会各个领域和行业中得到了广泛的应用。随着社会的发展、时代的进步，以及全球一体化的发展，商务活动往来越来越紧密频繁，贸易协商丰富了语言的多样化，尤其是在商务英语中的广泛应用。商务英语也在不断地丰富和更新，商务英语词汇的数量和规模也在不断丰富起来。商务新词体现了时代的发展，反映了当今时代的新思想和新技术。例如，CAD、platform等词汇，其中CAD代表的是计算机辅助设计，而platform则表示操作平台，这两个词汇都是在计算机技术的不断发展和创新下衍生出来的词汇。又如OPEC（石油输出国组织），也是随着国际社会政治形式的不断发展和变化而出现的新词汇。

大多商务词汇都是复合词汇，例如钞票"banknote"、批发"wholesale"、外包"outsource"等，这些词汇都是在现有词汇的基础上产生的。随着21世纪电子商务的普及，越来越多的电子商务专业词汇也纷纷涌现，例如电子货币"cyber cash"、电子商务"e-business"、电子银行"e-banking"等。商务新词的出现提醒我们，语言是一种社会现象，它跟随人类社会的形成而产生，而且跟随社会生活的变化而丰富和发展。从这一角度来说，商务英语翻译者在进行商务英语翻译的过程中，需要紧跟时代的潮流，掌握更多新时代的新词汇，这样才可以更好地确保商务英语翻译的准确性。语言学习者和使用者只有不断更新知识、拓展知识面、提高自身的翻译能力和水平，才能够跟上飞速发展、千变万化的时代步伐。

第二节 商务英语语言能力

近年来，我国教育改革不断深化和创新，高校商务英语专业为社会输送了大批具有国际意识和国际视野的实用型商务人才，该专业旨在培养学生具备扎实的英语听、说、读、写、译五项应用能力。然而，根据目前商务英语专业人才培养情况来看，部分学生在语言能力学习方面仍存在实际困难，其语言能力难以适应职场的现实需求。

在互联网与多媒体逐渐普及的时代，高校的教与学的模式都有了很大突破，这为商务英语课程的教学实施和教学改革提供了有力的技术支撑。教师应借助这一契机和有利条件积极探索，将多媒体平台、现代信息技术有机融入课堂教学，有针对性地帮助商务英语专业学生提高语言能力，激发学习兴趣，以改善学生整体语言素养。

一、提升商务英语语言能力的意义

为促进我国社会发展及社会主义现代化建设，必须培养应用型商务英语专业人才，各学校应当牢牢把握学生培养目标及语言应用能力提高的重要意义，重视并加强商务英语专业学生的综合能力培养，从而突出商务英语在整个商务活动中的实用性。

从人才培养质量来看，商务英语专业是一门典型的跨学科专业，要求学生不仅要掌握英语语言学基础知识，而且还需要掌握一定的商务知识和技能，这就需要商务英语专业不断地跟上商务贸易行业的发展趋势，接触商务行业最新、最前沿的技术和知识，以便使人才培养与行业实现零对接，进而推动商务英语专业的教育教学改革。因此，提高商务英语语言能力，是提高人才培养质量的必然要求。

二、商务英语语言能力提升困境

（一）学习习惯和技巧尚未形成

部分学生自控力较弱，在学习时容易注意力不集中，商务英语专业学生的课量相对较多，但受传统教学模式和学习方法的影响，相当一部分学生没有养成良好的学习习惯，也没有掌握学习技巧。很多学生不知道什么是学习技巧，学习全凭感觉。即便有学生了解学习技巧，也仅仅停留在理论层面，实际学习中不能很好地运用，这在很大程度上影响了学生语言能力的提高。

（二）文化知识面较窄

作为承载社会生活的重要工具，语言已经成为跨文化交际的桥梁。只有语言基础扎实，了解不同民族文化背景之间存在的差异，才能真正学好一门语言，提升语言应用的能力。近年来，各类英语等级考试，往往会涉及人文、社会、经济、政治、文化等背景知识，这是对学生语言能力和文化素养的整体考查。然而，高校学生整体知识面较窄，英语文化素养较低，学习时只关注语言本身，忽略了语言背后的文化背景，同时他们还缺少积极拓展知识面的能力和意识，这是影响语言学习质量的一个重要因素。所以，文化背景的丰富对于提高语言能力、激发学习兴趣十分重要。

（三）口语表达基础较弱

受"应试"文化教育影响，很多学生虽然英语成绩不错，但实际英文表达能力较弱。由于学生不了解业务背景的专业知识，加上他们"听说读写"的工作能力相对有限，在课堂教学主题活动阶段通常不愿意与教师合作，无法在课堂教学给教师带来视听说感受。互动交流阶段难度增加。这是国际商务英语课堂教学的一大障碍。多年的英语哑巴学习训练早已让学生的塑造变成了一种可塑性的阅读习惯，在学生和教师面前没有意愿甚至没有勇气用英语表达出来。教师在课堂上设计了一个很好的人际交往主题活动，却无法在课堂上进行。最后的结果是教师不得不采取传统的教学模式。

三、培养商务英语语言能力的策略

（一）发挥教师的作用

不光要关注教师的英语知识水平及综合教学技能，还应当关注其商务知识的考核结果，提升整个商务英语教师团队的能力素养，从而为教学工作打下坚实基础。

1. 建立现代化数据库

教师应当追随现代化教学技术的发展浪潮，熟练应用以网络为代表的信息技术并加快建立商务英语素材库，对网络上的海量信息资源进行整合与筛选，帮助学生搜集商务英语相关信息知识，为学生的学习活动提供更多的便捷条件，以网络提升学生商务英语的应用能力需要借助素材库中的英语词汇及语句，既要包括知识性的网络商务素材，又要包括具有实践性的材料，只有这样建立起来的数据库才更加有效。

除此以外,还要尽快利用网络开展第二课堂教学活动,实现线下教学至线上教学的转变,必要时加以融合以打破教师机械式讲述及学生被动学习的局面,从而获得意想不到的教学效果,第二课堂的有效开展使得教育教学活动不再受时间及空间的限制,学生的学习方式更加新潮与多样化,满足了学生现代化的多样发展需求,同时还可以通过开展商务英语角及组织竞赛与演讲等活动来增强学生的英语应用能力。

2. 完善网络平台,优化教学评价

商务英语教师应当尽快建立并使用网络教学平台,优化师生之间的沟通及反馈环节。一方面,教师可以适当发布教学资料以帮助学生了解商务英语的发展趋势,发布教学任务及理论课程来鼓励学生在课下自主学习;另一方面充分利用好平台的交互性,在平台上开通讨论模块帮助促进学生之间的沟通交流,使学生与社会发展形势相接轨,教师可以通过匿名调查问卷的方式搜集学生的意见,通过反馈结果适当调整教学方案以满足学生的现实需求。与此同时,网络教学平台使得课后作业的布置及评价变得更为方便,教师亦可以依据学生能力水平及具体学习过程中存在的问题展开个别指导,尽可能关注所有的学生并对学生展开客观全面的评价,引导学生进行反思,以提高学生商务英语实用能力为基础开展素质能力的有效培养。

(二)拓展文化知识面

语言是文化的载体,在英语学习中,必须了解英语国家文化背景。互联网学习资源的日益丰富为英语语言教学提供了非常便利的条件,教师可以对以往枯燥的阅读任务进行创新和优化,通过多平台、多渠道学习来拓展知识面,使学生更多地了解西方文化,学会用西方思维更深入地理解文本。例如,教师帮学生挑选生动、有趣、文化知识丰富的文章来学习。很多英语学习平台和公众号都会定期推送新闻和外刊文章,这些文章通常涉及时事热点和热门话题,具有多样性、及时性和时代气息。在形式方面,这类文章或图文并茂,或音视频与文本相结合,还特别增加了背景知识和人文知识的介绍,适合学生的特点和英语水平,容易激发学生的学习兴趣。学习多种题材的英语文章,能够增加学生的阅读量和文化知识的积累,将优质的学习资源进行整合和内化,进而挖掘更多的延伸知识,提高学生的语言能力。

（三）培养学习习惯和技巧

商务英语语言能力应注重培养学生假设判断、分析归纳等逻辑思维能力，具有良好的语言学习习惯和正确的语言学习技巧十分重要。教师要想引导学生树立良好的学习习惯，首先要帮助学生提高注意力。目前很多英语阅读 APP 和线上教学平台都可以为学生发布限时学习任务，并配有形式多样、要求明确、难度适中的练习，帮助学生更有针对性地、更高效地学习。同时，与传统纸质阅读不同，部分线上教学平台还可以实现后台监测，教师可以对学生的学习过程进行实时监测和指导，对不良的学习习惯及时干预。除了学习习惯，想要学得又快又好，学生还要掌握正确的学习技巧。英语学习类 APP 中，大部分文章结构和行文较为规整，且配有文章内容和结构的分析，与学生的水平较为匹配。教师可安排学生课下针对同一篇文章进行线上学习，再在课堂上组织小组讨论，让学生分享自己的学习心得和学习技巧。另外，教师可以在平台中为商务英语专业的学生筛选商务类文章或新闻，帮助其在学习中养成商务语言习惯。

（四）多种教学形式相结合

在整个教学学习中，教师可以选择多种的主题活动、小组作业或小组活动等多种课堂教学组织结构。要有多种形式的教学策略，可以采用讨论、访谈、论证、表演等多种方式。例如，在 Receiving Visits 的课堂教学中，控制模块，学生可以分成 5 个公司，1 个公司的成员作为访客，另外 4 个公司负责接待，为每个阶段设计一个计划。招待客人，落实职责分工。让酒店企业从酒店餐厅预订、餐厅接待、机场接送服务等各个阶段开展日常工作。然后现场观看和讨论录制的视频，猜测他们表演的成败，为以下活动积累经验。同时，拍摄也能激发学生学习兴趣。此类活动不仅可以提升学生的个人学习、培训和工作中的专业能力，还可以增强他们的团队合作能力。在主题活动开始前，教师可以指派学生在同一个小组的基础上进行讨论和设计方案，为以下主题活动做准备。但需要注意的是，学生在进行同样的小组讨论和设计方案的最新项目主题活动时，会因为暂时的语言交流障碍而放弃英语改用中文，很难做到商务英语口头交流和训练。要求教师在小组作业的全过程中不时走进课堂，对部分作业小组给予适当的监督和正确的指导，及时引导学生走上合适的课堂学习轨道。

第三节　商务英语语言服务产业

商务英语语言服务产业是语言文化产业背景下迅速兴起的现代服务业，既是文化"软实力"，也是经济"硬实力"。提升文化"软实力"，世界经济一体化背景下商务英语语言服务的经济价值越来越凸显。进行商务英语专业改革，发挥语言产业服务功能，能更好地服务国际对外贸易。

一、商务英语语言服务产业机遇与挑战

语言服务产业作为展现各国软实力的重要手段，近年来呈快速发展态势。咨询机构 Common Sense Advisory 的数据显示，2008 年至 2012 年，除 2011 年外，全球语言服务市场的年增长率均在两位数以上。据《2019 年中国语言服务行业发展报告》公布信息显示中国现有语言服务类企业 369935 家，总产值 372.2 亿元，年增长率为 3.6%。业态发展良好势头为语言服务行业发展带来机遇，投资者和语言服务提供者对市场的乐观态度使得该行业企业数量处于不断增加趋势。近年来对商务语言服务的需求呈上升态势，刺激了商务英语语言服务企业的快速发展。

虽然具备较有利的市场环境和发展态势，但商务英语语言服务产业发展亦面临不少问题。目前商务语言服务提供主要依靠两种形式，一种是由专业商务语言服务企业提供，另一种是中方企业作为语言服务需求方自评聘专职商务语言服务岗位员工。就后者而言，限于企业编制要求，商务英语语言服务人员数量常常无法满足大型翻译任务需要，仍需临时聘用或选择外包服务，将业务临时交给专业服务企业完成。在这样的情况下，对完成服务任务而言，无法形成稳定的合作语言服务团队，专业商务语言服务企业也很难形成专业化服务规模。而从行业角度来看，专业商务英语语言服务企业缺乏统一的行业标准和规范化服务，受制于规模限制，多媒体本地化、软件本地化和国际化业务等往往无法实现。

以语言服务业的核心业务——翻译为例，当前仍以传统翻译为主，笔译从业人员占商务英语语言服务人才主体，口译服务人员相比较缺乏。高层次语言服务人才，如同传等，相对短缺。同时，商务英语语言服务需要服务提供人员兼具深厚的语言功底和商务专业知识，当前此类复合型人才比较缺乏，且未针对其设置统一的行业资格标准。

二、商务英语语言服务产业的表现

（一）商务英语推动产业结构调整

1. 促进产业结构发展

"引进来，走出去"是"一带一路"经济发展倡议的核心，为更好地推动区域产业发展，贯彻落实"一带一路"倡议，首先需要深入了解国外文化与语言。地区产品在对外销售时，要根据国家的文化与语言差异性，制定相应的宣传销售方案，避免因文化差异而造成误会。在商业合作时，要避免因语言差异而导致沟通障碍。很多贸易合作会因为语言沟通交流障碍而产生一定的阻碍，影响经济发展节奏。随着区域经济的发展与技术的不断提升，语言差异日益凸显。因此，提高商务英语人才培养质量，有利于促进产业结构的稳定发展。

2. 促进区域经济发展

产业结构的变化会对商务英语教学环境产生一定影响，高校在教育改革中，应加强社会创新，通过对教学资源的整合与合理利用来提高人才培养质量。在构建商务英语专业教学体系时，要充分考虑商务英语专业教学与地区经济发展的融合关系，注重学生综合素质的培养，加强学生对国外文化的学习。高校在制定商务英语专业教学培养方案时，既要加强对国外文化知识的学习，也要在英语教学中体现中国传统文化，从而使学生既可以学习到专业英语知识丰富视野，也有助于加强民族文化自信。更好地体现区域文化发展特色，加强学生对于区域文化发展的学习，促进区域经济产业发展。

3. 确保产业结构稳定

在"一带一路"背景下，产业结构发展注入了更多新鲜活力，而地区经济建设在发展中也面临着挑战。随着更多企业参与对外经济贸易，当地社会发展对于商务英语专业人才的需求量也逐渐提高，对于商务英语专业人才的综合素养与专业能力要求也逐渐提高。商务英语人才培养质量的提升能确保区域经济长远发展。

（二）商务英语促进产业创新升级

1. 推动产业集群国际化进程

产业集群国际化的实现，离不开高素质的复合型商务英语人才。因为产业集群国际化首先必须是人才的国际化，服务产业国际化的高素质的商务英语人才，应该具备良好的英语听说读写译能力，能够对国际贸易理论知识和方法以及国际商务活动的政策与法律了如指掌，能够熟练使用英语进行各项外贸商务活动。

2. 提升品牌国际影响力

产业的创新升级，必须主动融入"一带一路"和 21 世纪海上丝绸之路核心区建设，坚持"引进来"和"走出去"，融入世界大平台。而要想融入世界大平台，就必须全面扩大对外开放的规模、范畴，积极加入国际经济竞争与合作。这必然涉及语言的交流，需要发挥商务英语人才的作用。

三、产业发展对商务英语专业的影响

（一）对学生实践能力的要求

在"一带一路"倡议下，我国区域企业与更多国家建立起良好的合作关系，在频繁的贸易交往中，加强了各国经济文化的沟通交流，对于商务英语专业人才的口语交际能力提出了要求。我国传统商务英语专业人才培养过于注重学生对于知识的学习，学生对于英语的应用仅停留于考试中，缺乏实际运用能力。面对社会发展对商务英语人才提出的实践能力需求，高校在教育改革发展时，应加强对学生实践能力的培养。在制定教学考核方案时，不要局限在考试中，而要对学生的听说读写能力进行全方位考核。高校应对区域经济产业发展状况进行调研，制定科学高效的商务英语专业人才培养方案，根据实际状况调整教学内容与教学方向，适当增删教学课程，在提高学生英语水平基础上提升学生的商务能力。高校商务英语教学改革要加强专业教学的学科细化，明确教职工的职责关系，构建更稳定的人才培养体系。

（二）经济发展与教育发展的统一性

地方的教育发展应与经济发展需求相符合，确保商务英语人才质量与经济发展水平相一致。随着经济快节奏的发展，高校教学改革迫在眉睫，要进一步提高商务英语教学质量，强调商务英语教学的职业性。面对商务英语专业人才实践能力与专业性的更高需求，高校应加强教师团队素养培养，提高教师质量，构建高水平的师资教学团队。高校通过对内部教师资源的整合，根据教师教学特长与特点，对教师的教学工作进行更科学的划分，同时针对教师开展更具针对性的业务能力培训，以此来提高教师的专业教学能力。教师要参与实践学习，有效提高实践能力，为教学水平的提升奠定基础。

(三)高校对复合型人才的培养

在全球经济一体化背景下,复合型人才不但要掌握专业知识技能,也要具备较强的英语专业运营能力。目前,社会对于人才的需求呈专业化、多元化趋势。商务英语专业作为结合商务专业技能与英语语言能力的教育学科,对于区域经济产业结构发展起到重要作用。高校在复合型专业人才培养过程中,要注重学生专业素质、英语水平和综合素质的提升。提高学生的英语运用能力不但有助于区域经济发展,也有助于地区产业结构的稳定。互联网应用与课堂教学连接各教学主体,为教师与学生提供了丰富的资源,信息技术也丰富了教师课堂教学模式。通过互联网,学生可以拓宽视野,丰富知识,提高英语应用能力与专业能力。高效的教学工作发展应制定科学化、制度化的教学评价体系,通过多样化、科学化的评价方式,对学生的学习状况进行更全面的评定。

四、产业发展对商务英语专业建设的启示

(一)课程建设

目前对工作意义较大的课程包括国际贸易实务、办公自动化实训(Excel、Photoshop)、外贸函电、单证等,这些课程的比重可适当提高;为适应对外贸易的发展变化,报关、报检等课程,可以适当降低比重,或是将课程内容整合到国际贸易实务课程中。

还有部分课程需要进一步改革,跨境电商(网络营销):各院校商务英语专业都开始重视跨境电商的发展以及人才需求,商务英语专业目前相关课程缺乏与实际企业运作平台的对接,需加强平台实操;职业教育/职业规划课程:应加大对学生职业规划发展的教育,将职业规划课程时间调整到第一学期之后,学生已经对该专业有了一定的认知度之后再进行授课,效果会更好;沟通类课程:加强人际交往能力和沟通协调能力,加强商务礼仪学习;办公软件课程:课程侧重PPT技能的实训,需加强对Excel表格函数、Photoshop的学习和训练力度,对于实际工作助益更多。

(二)校企合作

1. 加强联系

一是要开展经常性的回访调研工作,了解与专业对接企业的意见和建议,推进学校的教育改革,提高学生的综合素质。二是经常组织专业课教师到相关企业

学习观摩，掌握本专业技术水平及设备、软件的使用情况，以不断增强专业课教学适应生产的能力。三是邀请接收顶岗实习学生的企业，派技术负责人或管理人员到校，面向专业课教师开办讲座，面向将要开始顶岗实习的学生举办报告会，使专业课教师熟知本专业知识与技术在相应工作中的应用情况，使学生提前了解企业的有关要求。四是不断挖掘与本土企业的合作，为地方建设留住人才，带动区域经济发展，同时也便于学校的实习跟踪和管理。

2.校企定制班

"校企定制班"——由企业借助学校人才培养以及硬件设施上的优势，共同打造适应社会需要的专业人才。（1）岗前实训：让学生在步入工作岗位之前，利用学校"校企定制班"提前熟悉企业文化、工作内容、工作制度、运营模式及平台，进入顶岗实习阶段甚至就业阶段能够较快地适应岗位工作的需要，更好地融入企业。（2）共同培养：学校与企业共同培养，可合作开发校本教材，开发课程内容，将社会与行业中的先进关键技术与经验传授给学生，增强学生的就业竞争力。（3）加强职业素养教育：提高学生职业素养、职业道德意识，增强综合实力。

五、商务英语语言服务产业发展对策

（一）明确发展思路，科学筹划

以产业经济学、管理学等相关理论作为科学指导，系统梳理发展方向和思路。从总体规划与设计层面，可将商务英语语言服务产业体系按产业结构和产业链进行细分，例如，按照子产业可划分为商务英语语言本地化与国际化教育、培训及研究；语言翻译；多语言文字处理；等等各相关要素层面。依据产业链各个相关业态，并在此基础上设计发展路径整体规划。

从具体操作层面，借助统计分析、SWOT和SCP等工具具体分析发展方案，对采集到商务语言服务产业各子业态语言产品消费情况、行业质量评估等数据进行有效分析，剖析商务英语语言服务产业对经济贡献度、核心竞争力等，为产业构建策略建议的设计提供支持。

（二）科学构建产业发展实施方案

由相关部门牵头，聘请专家进行商务英语语言服务产业体系构建途径和策略设计工作。从数据整合分析入手，剖析行业现状，探索核心竞争力，有针对性、有步骤地从核心竞争力要素、再生性要素及制动性要素三个层面提出相应的构建途径和政策建议。集合专家及各方建议，有关部门可科学制定商务英语语言服务产业整体发展路径规划及具体实施计划。

（三）关注产业发展中核心要素

高水平语言服务人才构成行业核心竞争力。相关管理部门采用构建和完善人才库等方式，吸纳具有相关资质的高校师生、语言服务企业人员及社会人员加入人才库。同时逐步建立完善的商务语言服务人才资质认定和评价体系，从语言服务技能、商务知识、商务实践运用技能等角度，建立综合能力和水平考量制度，进而实现动态化人才库人员考核管理机制。

从行业发展角度来看，发挥高校科研教学优势，助力行业发展，形成"政产学研"合作模式。高校作为商务英语人才输出的重要基地，在人才培养环节，调整教学目标与教学重点，从单一翻译人才培养转变为"专业＋语言"的复合型人才培养。紧贴企业需求，围绕重点产业，如电力、化工、纺织、医药等，同时兼顾新兴产业如软件、人工智能、绿色产业等产业需求，建立专业培养与语言服务技能培养相结合人才培养模式。大力推广实践教学，采用设立校外实训基地、校内实践工作坊等方法，增强学生实际应用能力，使学生能够"学中练，练中学"。

（四）利用先进技术，构建发展平台

利用现代化的沟通技术，构建语言服务资源共享平台。从人力要素角度来看，该平台的构建将打破人员流动限制，基于共享理念构建商务语言人才交流平台。共享平台管理部门必须具备统筹经费职能，筹集专项经费成立语言服务培训共享专项基金，建立长期、多样化的培训体系。基于互联网的语言服务技术不断发展为商务语言服务人才共享形式创新提供可能性。如今，基于网页端、手机端的应用软件可进行人才需求信息共享，在线语言服务团队建设，促进语言服务团队专业化发展。共享平台管理者应敦促相关高校、企事业单位尽快完成完善语言服务人才智库建设工作，组建人才信息数据库，完善人才电子档案库。同时建立服务人员成长记录制度，记录其参加培训和提供共享服务经历，作为考核其服务水平的重要参考。信息共享平台还可以实现技术和硬件资源的共享，从而带动与计算机技术相结合的语言服务相关产业发展，实现云语言服务。

（五）建立行业资质评审体系

商务英语服务直接与众多企业外经贸商务交流息息相关，服务需求量高，利润空间大，因而吸引了大量相关服务提供企业进入。但是，由于当前语言服务行

业尚未建立起一套标准的行业规范体系，导致企业规模差异较大，竞争秩序混乱；缺乏统一的行业服务标准，语言服务水平及产品质量参差不齐；行业缺乏统一目标引领，企业单纯以利润追求为目标，甚至产生价格恶性竞争。这些问题的存在影响商务英语语言服务行业的整体形象，削弱了企业的竞争力，也制约了行业健康发展。因此营造公平、合理的行业规范体系成为当前工作的重要任务。该行业规范体系应包含行业准入体系、规范管理体系、服务收费定价体系及行业资质评审体系等多维标准，对行业和市场秩序进行全面的调整和管理。

（六）重视语言技术研发

当前信息互联网科技和人工智能技术的不断发展给商务英语语言服务产业带来巨大的机遇与挑战。"人机协同翻译"成为未来语言服务行业发展的趋势。政府应采用政策引导、资金支持等手段，鼓励企业及相关各方积极利用大数据对云翻译、人工智能翻译技术等新兴语言技术研发，掌握技术竞争优势，转变传统、低效的语言服务模式。开发语言技术往往对企业规模、资金等有较高的要求，因而在政府引导下，可以利用这一契机，实现商务英语语言服务企业进行良性整合，逐步实现行业规模经济，提升企业质量。

第二章　商务英语翻译基本情况

翻译，是一条游弋在语言河流中的鱼。两种不同语言的共性和特性在翻译中体现，展现文字的精妙和文化的精深。翻译是翻译者和原作者在精神层面的交流，因此翻译带有很强的灵魂属性和情感色彩。实际上，翻译不仅是两种语言的互通，更是两种文化的碰撞。商务英语翻译具体的优势体现在国际商务活动中承担的翻译和交流功能，涉及交流范围较广，但同时也有着非常专业的属性。因此商务英语翻译更加注重培养文化交流中的专业性。

本章主要论述了商务英语翻译基本情况，分别从商务英语翻译的特点和原则、商务英语翻译的标准以及商务英语翻译的策略三方面进行详细的介绍。

第一节　商务英语翻译的特点和原则

一、商务英语翻译的概述

商务英语翻译是将满足社会职业需求作为目的，其蕴藏的内容包括商务活动整个过程的翻译。商务英语翻译将语言作为载体，承载着一系列的商务内容。其属于一种特殊专门用途的英语，主要是在国际商务环境中所运用的"英语"。商务英语几乎与经济领域每个方面均存在一定联系，如具备法律效应的各种政策法规、商业协议等。而且因商务英语一般均用在对外贸易中，致使我国在很长一段时间内都将商务英语称作外贸英语。进入21世纪后，伴随全球化的不断深入和经济的持续发展，国际化沟通日益扩大，而经济国际化交流层次也在不断加深，而这些均拓宽了人们眼中商务英语的价值内涵与应用范围。

商务英语文本翻译，直接影响国际商务活动的方方面面，商务信函、商务合同、商务广告等的作用越来越凸显，得到企业的高度重视。具体来看，商务信函是信息类型的商务文本，商务合同是表达类型的商务文本，商务广告是呼唤类型的商务文本。这三种商务文本类型在一定程度上，可以互相补充辅助和兼具交融。一般来说，商务英语文本翻译，需要遵从商务文本的多元和实用原则，更加精准、明确地表达商务活动的相关信息，促成国际商务合作，提高企业的经济效益。因此，翻译者需要不断学习和进步，补足自身的翻译技法，开阔自身的国际视野，只有这样才能更加深刻地理解商务合作情况，有针对性、建设性地进行翻译工作。

二、商务英语翻译特点

商务英语既有普通英语的语言学特征，同时又含有较多且专业的商务知识，这很大程度上增加了商务英语翻译的难度，且这种难度明显高于普通英语翻译。商务英语在当今社会中发挥着十分重要的作用，原因在于参与商务活动的双方均想着在商务交往中获取很多的权益，一旦商务英语翻译存在问题或误差，必然会导致其中一方的利益受损，带来不可估量的损失。为此，在商务英语翻译中，必须严格遵循相关的翻译原则，充分确保翻译的专业性、准确性和严谨性。

（一）多采用专业贸易术语

在商务合同中经常使用贸易术语，近义词或同义词（有时是反义词）叠用，以体现或增强文本的权威性、严肃性。如果根据现行的《2000年国际贸易术语解释通则（INCOTERMS 2000）》，经常使用的贸易术语主要有E、F、C、D四组。E组常用的有EXW（EX Works），指工厂交货，即在商品产地交货；F组常用的有FCA（Free Carrier）、FAS（Free Along Side）和FOB（Free On Board）分别指货交承运人、装运港船边交货、船上交货（离岸价）；C组常用的有CFR（Cost and Freight）和CIF（Cost, Insurance and Freight），分别指成本加运费价，成本加保险费加运费价（到岸价）；D组常用的有DAF（Delivered At Frontier）、DDP（Delivered Duty Paid）和DDU（Delivered Duty Unpaid），分别指边境交货、完税交货、未完税交货。商务英语从业者只有熟记相关贸易术语，才能在商务洽谈中游刃有余，达成中外贸易合作。

（二）多采用缩略语

除了特定的贸易术语，商务洽谈中也多使用缩略语以提高办事效率。缩略语主要分为首字母缩略词、首字母拼音词、截略词和外来词。

首字母缩略词主要涉及一些机构、公司或币种。如IMF，全称为International Monetary Found，代指国际货币基金组织；GATT，全称为General Agreement on

Tariffs and Trade，代指关税及贸易总协定；$USD 指美元、AUD/A$ 指澳元。

首字母拼音词常见于经济学读物或者商业合同中。如 ASP，全称为 Agreement Ship Prototype，译为"协议船原型"；APEC，全称为 Asia-Pacific Economic Cooperation，指亚太经合组织。

截略词指为了避免原词太长，而将一个单词或几个单词的一些音节删去而成的词。如，phone 为 telephone 的截略词、ad 为 advertisement 的截略词。

外来词指从法国、德国或拉美国家引进的词汇。如 asper（按照）和 re（事由）源自拉丁语；en route（在途中）和 force majeure（不可抗力）源自法语；del credere（保付贷款佣金）源自意大利语。

（三）普通词汇的专业化运用

商务英语一个最显著的特征便是多将普通词汇转换为专业词汇进行使用，这便导致商务英语翻译难度较高，若不熟悉这类词汇意思的转变不仅会闹笑话，同时还会造成巨额的商务赔偿。

例 1：If any liens, claim or demands arising out to work shall be outstanding at the time any payment may be due, the company shall have the right to withhold out of any payments.

译文：如果任何工程的滞留、索赔或要求在到期应付款时仍未予清偿，那么，公司有权拒绝支付。

例 1 中的 claim 作为名词时，原意为 a statement that sth is true although it has not been proved and other people may not agree with or believe it；但在商务英语中其意思发生了转变：a right that sb believes they have sth, especially property, land, etc; a request for a sum of money that you believe you have a right to, especially from a company, the government, etc. 结合原文上下文和译文可知，此处 claim 采用了商务英语中表示"索赔、赔偿"的含义。若不懂商务英语，将其直接译为"声明、断言"则会出现译文与原文意思不匹配的情况，也会缺失专业度。同样地，liens 和 demands 也不能直接翻译为"扣押权"和"需求"，而应翻译为符合商务英语规范的"滞留"和"要求"。

（四）惯用商务套语

为提高专业度和工作效率，从事商务并且精通英语的各界人士逐渐形成一套商务用语，这套用语仿佛一个又一个框架，只要记住了这些框架，将所需讲述的话语套进去就可以了。

(五) 商务英语发展迅速

在全球经济快速发展的当下，社会各个领域都普遍加强了对于商务英语的重视程度，科技不断地发展，同时也促进了商务英语词汇量的提高。科技与经济的快速发展必定会带来更多新鲜事物的出现，商务英语必须要将这些新鲜事物融入其词库中，这使得商务英语的词汇量越来越多。例如，之前的电子邮件（E-mail）与现时期较为火热的电子商务（E-business）等单词。同时，商务英语翻译时依据其词义进行重新的分列结合，会得到新的词汇，其所表达的意义也发生了变化。

(六) 相同词汇的多种含义

在商务英语中还有一个普遍的表象，就是相同的单词所表达的意思是多样的。商务英语运用在各个领域中，由于领域的差异，相同的单词在不同的领域中所表达的意义是具有差异性的。在不同语句中所表达的意思是不一样的，这种情况在商务英语中是非常普遍的。因而，在商务英语翻译中，对于词汇或组词的运用和翻译在依据其所处的领域中开展的。

(七) 规范的词汇

随着科学技术和经济水平的快速发展，商务英语需要运用到各个领域当中，而且在不同领域的不同环境当中商务英语也需要随时进行改变，使得商务英语翻译必须使用规范性和商务性的词汇等。商务英语的词汇量非常大，而且规范性也较强，比如离岸价格（Free on Board）等，这就要求商务英语翻译的工作人员要熟练掌握特有商务活动的专业词汇。同时，在进行商务贸易的过程当中，需要处理一些比较复杂和烦琐的事务，为了更加有效地达成合作，一般情况下需要交易双方尽量在交流合作的过程当中使用一些比较简单并且便于理解的词汇。在这种情况下，不仅可以提高双方的合作进程和办事效率，还可以增加交易双方之间的默契程度，形成更加友好的情谊。所以，在需要通过简单的词汇进行交流的情况下，一些简单而又规范的词汇已经不断地被应用到翻译的实践当中，比如EXW（工厂交货）等，既能准确表达交易双方的想法，又能提高交流的效率。

(八) 简洁和特定的语句

在进行国际贸易和商务活动当中，基本是以商务合同的形式进行签署合作的，而合同的语言主要是英语。因此，为了更加规范和把控合同内容，在签署合同时必须以特定的格式进行填写。比如在国际商务合同中比较常见的开头，通常是固定和特定的语句，以确保商务合同的翻译是正确的。

此外，在翻译的过程中，要注意语句的简洁性。由于商务交易活动具有过程性，需要注意合作的时间和效率，因此在保证相应的商务礼仪下，应该确保翻译的内容准确无误并且也要简洁得体。因为简洁的语句能够提高翻译的工作效率，而且简洁的表达更能使得交易双方明确想要表达的内容，提高双方合作的效率。所以，在商务英语翻译的过程当中，通常会使用被动语态和祈使句等。

（九）完整和准确的语义

在国际社会当中，每个国家之间的文化、语言和民族等基本都存在不同之处，因此在一些跨国交流和合作当中，需要保证商务英语翻译工作的准确性和完整性，需要使用正确的英语词汇，最大程度上保证语义的完整性和准确性。在开展商务英语翻译工作的过程当中，应该根据不同的国家、民族和风俗习惯等及时调整商务英语的翻译，使得商务英语的语义能够表达得更加清楚和完整。确保交易双方都能获得正确而且完整的语言表达，进而确保交易活动有序开展。

三、商务英语的翻译原则

在商务英语翻译过程中，为充分确保翻译的准确性和有效性，必须严格遵循商务英语翻译的原则，确保文化信息等值或对等。

（一）准确原则

商务英语的翻译必须准确无误。小到一个标点符号，大到一个单词、一句话的错误都可能在过海关时被扣押，从而造成整船货物的损失。

例1：The company calculates, 85% of the container fleet could still pass through Panama.

译文1：这家公司计算有85%的容器会经过巴拿马运河。

译文2：这家公司计算有85%的集装箱会经过巴拿马运河。

译文1和译文2唯一的不同便是对"container"一词的处理。译文1译为"容器"，译文2译为"集装箱"，很明显，译文2的翻译更加准确。若译者在翻译时将其处理为"容器"，那么就会造成过海关时海运提单与合同信息不符合的情况，最终该船所载货物将会全部损失。由此可见，商务英语的翻译必须遵循准确性原则。

例2：Time of shipment: to be shipped before August 20, 2021.

译文1：装运时间：2021年8月20日。

译文2：装运时间：2021年8月20日前。

译文1未将"before"翻译出来，其造成的后果便是延误装船时间导致货物滞留，装运提单失效，公司亏损。所以在商务英语的翻译中必须谨遵准确性原则，做到小心谨慎，尽量避免因翻译失误导致合作失败。

（二）简洁原则

各公司都不会一次只开展一个项目，经常是多个项目同时进行，为了增加专业度，提高工作效率，商务洽谈与合同的拟定尽量遵循简洁原则。

例：We thank you for your quotation and the price and terms are acceptable, so please put all items in hand as soon as possible.

译文1：我们很感谢你们的报价，我们愿意接受你们的报价和相关的条款，所以，请你们按照报价单上的要求尽快准备货物。

译文2：感谢贵司报价，我司可以接受该价格及相关条款，遂请贵司尽快按报价单备货。

译文2比译文1更加简洁，用词也更加精准客观，提升了沟通效率。在商务英语翻译中要做到字、词、句的反复斟酌，力求用最简洁的话表达出其涵盖的意思，达到贸易双方的有效沟通。

（三）礼貌原则

商务合作的达成首先需要合作双方做到谦逊待人、讲究礼数。在商务英语交际中，礼貌是一家企业的名片。懂得礼貌的企业，往往在商务领域中会广受欢迎。商务合作的礼貌性交际原则有利于体现企业诚信意识和企业文化以及树立良好的企业形象。在对外贸易中，合作双方如果缺乏足够的沟通，将无法形成良好的合作关系，从而导致经济损失。礼貌性交际则可以在双方发生分歧时，缓和双方关系，让双方能够继续协商洽谈，是一种无形的社交润滑剂；即使交易双方最终无法达成共识，礼貌性交际也不会伤害彼此的情面，交易双方日后可以再度寻求合作机会。所以商务英语翻译必须遵循礼貌原则，尽量避免拒绝对方时语气生硬的情况，要以对方公司能够接受的方式进行婉拒并向对方传达有下次合作的意向。

例：It is regrettable that we have to decline your counteroffer for the lack of stock at present.We look forward to cooperating with you next time.

译文1：很遗憾由于缺货，我方只能拒绝贵方的还盘，下次合作。

译文2：因产品缺货，故我方无法接受贵方还盘，对此我方深感遗憾，期待下次与贵方的合作。

该例子中虽然由于卖方缺货只能拒绝买方的还盘，但译文2比译文1的语气更加柔和、更容易被接受。译文2首先向买方告知缺货，让买方有心理准备；其次，卖方向买方表达了遗憾，表明也想和买方合作；最后，向买方传达下次合作的意向。这样更容易被买方所接受，才有下次合作的可能性。

语言是人类思维的重要工具。英国语言学家杰弗里·利奇（Geoffrey Leech）在20世纪80年代提出礼貌原则，即交际双方应尽可能地表示礼貌和尽量减少不礼貌的表达方式。他认为会话者在交际中会不自觉地遵守语言表达的某种原则，即通过隐晦、委婉、谦虚、赞许、让步、同情等表达方式，让听话人在对话中感受到肯定、尊敬，从而使得合作顺利进行或使得说话人的利益最大化。

礼貌原则可从以下三个方面得到体现。

1. 赞美

赞美是一种积极、正向表达观点的方式，它可以使听话人的自尊心和虚荣心得到满足，从而让人感到鼓舞、愉悦。在商务交际场合中，说话人可以通过称赞、恭维等方式表达对听话人的肯定和尊敬，拉近双方心理距离，以达到融洽人际关系的目的。但在表达赞美时，说话人需要注意得体性原则和适度性原则，一味地或过度地奉承对方，或过度贬低自己的身份，可能会适得其反，降低自己的可信度和可靠性。

2. 委婉

委婉是指站在他人角度，秉承体谅性原则，表达否定、批评、拒绝、不满及劝说等语言，它是一种善意的表达方式，体现了对他人的尊重。在商务洽谈中，说话人常在拒绝前表达感谢、否定时给出建议，或通过描述自己的艰难处境等方式，利用温和的语言缓冲听话人的负面情绪。在委婉表达中，需要注意的是，说话人要清楚地表达个人意图，而非含糊或迂回表达，要避免让对方误解或让人觉得不知所云。

3. 致歉

当未能满足他人心理预期或冒犯到他人时，责任方可以通过致歉的方式寻求对方的信任和谅解，弥补过失，达到维系双方关系的目的，从而避免因小失大。道歉者需要做到主动及时、落落大方，让对方感受到诚意。

要做好商务英语的翻译，不仅要熟悉商务英语的语言特点，掌握商务英语的翻译原则，精通商务英语的翻译技巧，还要不断扩充商务英语的知识面。这就需要从事商务英语翻译的译者时刻关注商圈动态，及时更新并不断完善已有资料库。除此之外，商务英语翻译从业人员还要时常与成功的商业人士进行沟通交流，保持对商务用语的熟悉度和敏感度。

（四）归化原则

商务英语翻译中的归化原则，是要把源语本土化，以目标语或译文读者为归宿，采取目标语读者所习惯的表达方式来传达原文的内容。要把产品销售给国外买家，首先要使他们能够了解产品、理解产品、认同产品，进而做出购买的决定。因此译者在翻译产品介绍的时候，不妨向买家靠拢，选择符合他们语言习惯的译文，这有助于买家更好地了解产品。

（五）连贯性原则

顾名思义，连贯性原则主要是指在商务活动进行英语词汇交流时，一方面要保证交流过程的连贯性，即提问清晰、回答有针对性，并尽可能地保持持续性的交流，保证商务问题的沟通透彻。另一方面，在进行陈述和表达时要争取连贯一致，并且有一定的逻辑思维，符合语言表达习惯和语法规则。

（六）忠实原文原则

忠实原文实际上不仅仅是对外贸易商务英语翻译需要牢牢贯彻的原则，任何行业和领域的英语翻译都应当准确传递原文信息为准则，务必将内容的准确性置于第一位。准确无误地把原文的信息用正确的译入语表达出来，这是对译者最基本的要求。错误地翻译原文传递的信息，会给交易过程带来许多本可以避免的麻烦，从而使企业和品牌的形象大打折扣，甚至造成严重的经济损失。商务英语翻译是否准确传递原文信息，将直接关系到贸易双方是否能够实现信息对等，特别是在商业合同、金融业务等领域的英语翻译中，其翻译的准确性可能会对贸易双方经济利益，甚至法律效益造成一定影响。因此，忠实原文、避免出现信息偏差，是对外贸易商务英语翻译的第一要义。

（七）平等交流原则

对外贸易商务活动中，贸易双方是站在同一地位进行交流的，此时商务英语翻译是让双方友好沟通和交流的基础。因此，在对外贸易商务英语翻译时，翻译者应当基于双方友好、平等交流的态度上进行翻译，保证翻译出的语言严谨正式、但不咄咄逼人，避免让对方感到不适，同时还需要注重礼貌用语。

（八）规范一致性原则

要确保所翻译的内容无论是行文方式还是语言均要满足商务文书的规范要求，"一致性"是指翻译过程中所使用的专业术语、译名、概念均要始终一致，不能出现随意更换专业术语或概念译名的情况。

（九）灵活转化原则

在商务英语翻译过程中，要灵活地提供与原文相类似的相关条件，确保商务活动的双方可以准确理解原文所要表达的意义，以此来做出正确的判断。要实现商务英语翻译的灵活转化原则，这对译员的专业能力有很高的要求。

（十）语体相当原则

语体相当原则在实现时，要求译员要对不同民族文化之间的差异有充分的掌握，并可以在两种文化中寻求平衡点，以此确保文化信息等值或对等。只有这样才可以确保译文无论是格式还是措辞均与原文保持一致。

第二节　商务英语翻译的标准

翻译是一种高级的语言艺术形式，是译者对知识的掌握与运用程度的体现。翻译技能不是一朝一夕就能充分掌握的，译者只有经过长期的艰苦学习与实践，才能够真正掌握其中的精髓与要点，并以合乎习惯的译文忠实地表达出原文的意思。

一、翻译标准概述

翻译是一种帮助使用不同语言的人进行交流的媒介，分为口译与笔译。而所谓翻译标准，则指的是衡量翻译优劣的统一标准。翻译标准是翻译理论的核心，同时也是翻译行业工作者共同努力所要达到的目标。

一些国家在翻译标准上更多地追求译文与原文在思想内容、意境风格以及语言形式上的等值。由于所翻译文章的文体不同，译者所遵循的翻译标准也各不相同，且不同领域、不同行业的翻译标准通常是无法互通的，如文学方面的翻译标准无法适用于法律法规的翻译。翻译标准大体上可分为具体标准、最高标准以及绝对标准。具体标准指的是译文所具备的实用价值，最高标准指的是译文与原文的近似程度，而绝对标准主要指的是翻译必须在原文的基础上进行，以原文作为翻译的依据。译者应准确把握翻译标准，在充分理解原文相关含义的基础上利用译入语恰当地进行翻译，在准确表达原文信息的同时适当增加审美效果，并妥善处理原文中的矛盾之处，保证翻译的质量。随着对翻译相关研究的增加，翻译标准也得到了进一步的完善与发展，其条件与依据也更加讲究，而且适用于不同对象的翻译标准，使翻译概念更加具体、明确。

确立翻译标准应注意如下几个方面。（1）对原文的忠实，是指译文应忠于原文。不仅如此，翻译标准应考虑翻译所受的限制和译者具有的创造性。翻译界关于各类翻译标准的争论，实质上都是对"信"和"忠实"的不同理解。（2）重视读者的反应和适应性，"忠实"是指译文忠于原文，"通顺"是指译文具有可读性。此外，在衡量译作质量时，译文读者对译文的反应也是重要的标准之一。20世纪80年代，尤金·A·奈达(Eugene A.Nida)提出的"读者反应论"传入中国，并在中国译论界引起强烈反响。实际上，晚清时期中国翻译家马建忠提出的"善译论"就与"读者反应论"的观点类似。这表明翻译标准都重视读者对译文的感受，强调译文文风应该适应读者的情况。（3）重视译者的素质，在翻译活动中，译者作为联系原文作者和译文读者的中介，必须确保读者能够理解原文信息。在翻译标准中，译者的素质具有重要的地位。奈达认为合格的译者应该通晓源语和目的语，具有广博的知识和写作能力，熟知两种语言的文化和社会背景。中国翻译理论也重视译者的素质，强调合格的译者需要具备语言能力、吃苦耐劳的精神和谦虚治学的态度等。

二、商务英语翻译多元化标准

（一）广告营销标准

广告宣传是产品营销的一种重要渠道，在国际市场中也不例外，我国的广告主要通过网络进行宣传，这也是一种非常重要的途径，因此在国际上和商业上的英语词典译文中必须具备下列标准，以便能够保证在最短的时间内，更多的中国消费者用户能够及时获得最大量的产品信息。

1. 简单明白

产品广告的文字一定要写得清楚直白，避免大量舆论上的纷争，以便于保证更多消费者在最短的时间内可以得到最大量的信息。

2. 有效的说服性

换句话说，公司的产品促销广告不仅必须具有公司产品消费市场的推广和展示功能，而且还必须具有公司产品消费市场的营销功能。在"广告说服力"的有效指导下，许多产品消费者对公司的产品质量形成高度认识和信任度，于是会产生消费行为，成功完成交易。

（二）法律契约标准

各职业市场主体组织应严格采用法定劳动合约对市场行为活动进行严格约束，能够有效规范和实现市场合作。根据中国法律的客观性，在国际商务英语翻译标准中使用各种法律合同的标准也具有法律客观性、公正性和准确性的基本特征，这是必需的。所说的客观性主要体现出能够满足国际市场上以合作者为主体的实际使用需求；其中所谓公正，就是法律合同最大限度地能够保护买卖双方的合法共同利益，这样可以确保能够体现出国际市场中竞争的公平公正；其中所谓准确，是特指对于合同具体措辞的使用标准格式要求具有系统规范，这种情况下，可以保证合同双方拥有合法的权利，同时能够保证合同义务的有效执行。

（三）指导说明标准

商品的用途说明也是商务英语商业翻译中的主要内容，因为在商品结构、使用等方面有不同的差异，翻译工作人员必须遵守完整的内容，通俗易懂。所谓内容完整，是指详细地介绍商品的安装、使用、维护和保全等方面，以确保消费者的安全使用。

（四）信达雅的翻译标准

"信"是指译文准确，不跑题，不漏掉任何信息，并且不得随意添加或删除含义。"达"是指翻译顺畅而清晰，按照读者能理解的表达方式来进行译本翻译。"雅"是指翻译中使用的词是适当的，并且必须遵循本文本身，达到雅致、简洁、优雅。商务英语在商务活动中发挥着重要作用。在"信、达、雅"标准下，立足商务英语独特的语言特征和文体风格，配合直译、套译等翻译技巧，对商务英语翻译实例进行分析研究，有助于商务英语翻译能力的提升。

三、商务英语翻译的 4Es 标准

（一）4Es 标准概述

商务英语翻译的 4Es 标准，指的是 Equivalence of semantic message of source language and target language、Equivalence of stylistic message of source language and target language、Equivalence of cultural message of source language and target language、Equivalence of business effect of source language and target language，即原文与译文的语义信息相对等、原文与译文的文体信息相对等、原文与译文的文化信息相对等、原文与译文的商务功效相对等，概括来说可称之为"信息灵活对等"。

语义信息、文体信息、文化信息、商务功效四项之间是相互联系且不可分割的。其中，语义信息对等与文体信息对等是最为基础的，译者应在做到语义信息对等与文体信息对等的前提下，再做到文化信息对等，最后通过商务功效对等对译文进行进一步升华。

然而，语义信息对等、文体信息对等与文化信息对等是商务功效对等的前提条件，如果前三个对等没有做到位，那么商务功效对等也难以实现。同时，文化信息对等对语义信息对等与文体信息对等起到一定的主导作用，当三者之间出现矛盾时，译者需要以文化信息对等为大局。但翻译中的文化信息不是绝对的，也可能出现没有文化信息存在的情况，但无论什么时候，译者在进行商务英语翻译时，都应将商务功效对等作为翻译的最高标准，明确原文中的商务信息与商务目的，如在进行产品宣传相关的翻译工作时，译者应明确译文的目的是对产品进行营销，吸引读者的兴趣，使读者能够通过产品宣传产生购买欲望。

由此可见，在商务英语翻译的 4Es 标准中，商务功效对等至关重要，在很大程度上决定着译文的质量。由于 4Es 标准的全面性与系统性，以及其对表层和深层语义信息之间的关系、文本结构、不同的文化因素以及商务功能等方面的高度关注，其逐渐得到了相关研究人员与学者的认可，成为当前经济全球化背景下商务英语翻译的基本标准，补足了以往翻译标准与方法所存在的短板。4Es 标准作为新型的翻译标准，不仅很好地满足了商务英语翻译的基本要求，还根据针对性原则重点突出了商务英语翻译中所必需的商务功能，使翻译能够更加严谨，有效减少了模棱两可语言出现的可能性。

（二）4Es 标准的应用

清楚了解 4Es 标准只是为商务英语翻译打下应有的基础而已，将 4Es 标准在商务英语翻译实践中加以应用则是对翻译人员提出的更高要求。商务英语涉及方方面面，跨越众多领域，具有特殊性和多重性，例如，商务合同和信函会涉及法律、法规知识和要求，译者在翻译时应更加侧重于语义信息对等和文体信息对等，以保证信息的权威性、约束性，译语要做到清晰、严谨，不能产生歧义；商务广告和公司推介等内容的翻译则更关心如何达到宣传效果以及如何在读者心中树立产品和企业的良好形象，译者在翻译时应更加侧重于文化信息对等和商务功效对等。这四者之间有着复杂的联系，形成一个不可分割的统一体。在翻译实践中，关键是把握好度，译者只有对四者进行有效取舍，才能使译文更好地达到商务英语翻译的效果。

1. 语义信息对等

语义是文字基础的构成，语义构成是文字的基本。缺乏语义信息，文本的内容不能表现其他的文化信息、商务信息等，从语言构成来看，语义信息是由深层的结构性、表面的结构信息组成，其中深层的结构信息主要代表文本内容的深层含义，而表面的信息则代表文本内容所包含的字面含义。对于翻译人员来说，必须是这样的。以广告为例，广告本身就是跨语言宣传的一种形式，表现了时代、民族、商务等特点，同时也涉及民俗、社会、美学和市场营销等方面的内容，并力争实现商务英语功能的辩证统一，商务英语广告信息的发展。这不是简简单单的翻译，而是需要深层结构信息上实现完全相等。如果能够掌握了文本所蕴含的深层次的含义，然后经过修饰渲染，再加上修辞，这样的译文就会是高质量地译文。

语义信息对等就是在译文中完整体现原文的话语中所表达的字面意思与深层含义，要求译者充分了解原文的整体结构，从原文的深层结构中挖掘原文所要表达的含义，并运用专业知识对原文的深层意思进行解读。因此，在 4Es 标准下，译者需要在具备足够扎实全面的专业知识的基础上，对原文语言的历史、文化、社会关系等多方面的知识有充分的掌握，只有这样才能够准确感受并翻译出原文的深层含义。例如，在翻译"In the absence of such statement, the business documents will be released only against payment."这句商务合同句子时，译者如果不了解 release 这个词的专业释义，就很容易将其译成"释放""解除""发行""公开""免除"等，译者可能也不知道如何对 against 进行翻译处理才妥当。其实，正确的译文应为"如无此项说明，商业单据将仅凭付款交付。"译者要做到语义对等，就必须具备很扎实的专业功底，并对原文的语义进行深挖。在此，该英文句子要达到的商务功效就是准确无误地传达信息，而译文在准确表达出原文语义的同时，也做到了信息传达这一功效对等。因此，该译文体现了语义对等和商务功效对等的高度统一。

2. 文体信息对等

文体信息对等指的是在译文中体现原文的语言形式、语言特点等文体特征。文体信息对等是商务英语翻译中不可缺少的一部分，文体信息不对等不仅会使得译文信息流失，导致原文与译文之间出现明显的差距，还会使得译文失去其应有的情感，没有原文中所具有的"味道"。在整个 4Es 标准中，文体信息起到了承上启下的关键作用，文体信息能够将语义信息更好地表达出来，并为后续的文化信息对等奠定基础。因此，商务英语翻译人员应该格外重视原文与译文之间的文体信息对等。例如，在翻译 "This contract is made by and between the buyer and the seller." 这句商务合同句子时，译者首先要了解 by and between 体现了合同语言的严谨性和专业性，不会简单地使用介词 by，双介词的使用是合同和协议这一应用文体的显著特点，从句子结构上规定了合同的由来。因此，在翻译时，译者要将其译成"本合同由买卖双方共同制定并签订。"

其中，"共同制定"就是对 between 进行阐释，意在保证原文和译文在严谨性、专业性方面的文体信息对等。在此，文体和语义是一对统一体，体现了合同语言所具有的法律效力和义务等，二者共同维护合同的权威性这一商务功效，因此译文也用相应的方式展现。

3. 文化信息对等

文化信息对等是指在进行商务英语翻译时，译者要注意不同国家文化与习惯不同，在交际过程中所运用的语言表达方式也各不相同，这就要求译者从译入语中找寻相应的对等语。例如，有的译者将 "sweet water" 误译为"甜水"；中国人认为龙是神圣的象征，而部分西方国家的人则认为龙是邪恶的象征，因此中国建设银行广告"龙的传人用龙卡"就不能简单地译为 "The successors of dragon definitely use dragon cards."，因为此"龙"非彼"龙"，如此译之，不仅免不了贻笑大方，也让西方人一头雾水，甚至目瞪口呆，也一定会对建行龙卡的广告产生反感。不同国家的信仰、文化、对事物的认识不同，如果译者对原文缺乏这些方面的了解，在实际的商务活动中则很有可能会因为翻译错误而对整个商务活动造成不良影响。因此，翻译作为跨文化交流的重要手段，译者在翻译过程中必须注意文化信息对等，在了解原文所要表达的意思的基础上，根据对方国家的文化，对译文进行适当调整，以提高翻译质量。

例如，"白象"这个品牌的英文译名是"White Elephant"，对于中国人来说，这只是一个普通的名字，但对于西方国家来说，"White Elephant"有"没有用反而是累赘的东西"的意思。因此，尽管"白象"与"White Elephant"在语义信息上相互对等，但我国与西方国家文化之间的差异会导致"白象"在西方国家销售时，消费者会对其产生排斥心理。

受地域位置、文化习俗等方面的影响，中西方之间的差异较大。如果直译，虽然语义上有重合之处，但是并不十分对位。例如，"armchair"，从表面上理解并进行直译的话，就是"armchair"，在中国扶手椅是指特定的一种椅子，名字为"扶手椅"。但是在西方，所有带扶手的椅子都可以称作是"扶手椅"。

4. 商务功效对等

商务功效对等是指使译文具备与原文相同的商务功能，体现原文所承载的商务功效，这同时也是商务英语翻译的最终目的。例如，在商务合同的翻译中，译者需要重点强调原文对规范买卖双方权利与义务的商务功效，而在商务广告的翻译中，译者则应注意译文的通俗简明，使译文能够有针对性地表达出广告的内容，并运用较为新颖的词汇吸引消费者，保证译文与原文相同的商务功能。译者如果在翻译中没有充分考虑原文的商务功效，则很容易导致商务活动中的参与者在理解上出现偏差，严重时甚至会对整个商务活动造成不良影响，带来巨大的经济损失。

例如，服装品牌"goldlion"的表面意思为"金色的狮子"，而狮子在西方文化中是动物之王，其地位堪比中国的龙，狮子在中国也是"力量""吉祥""霸王"的象征。根据语义信息对等原则，再考虑文化信息对等，这一品牌起初被译为"金狮"，照理应该是不错的译文，然而其广告效果表现不佳，究其原因，生意场上讲究的是吉利、发财，正所谓"财源滚滚达三江，生意兴隆通四海"，而"金狮"与"金失"谐音，暗示着生意上财源的流失，这样的服装当然没人愿意买，老板也很快意识到了这一问题，这样做生意怎么能安心呢？后来，译者再三斟酌，保留了"gold"（金）的语义，对"lion"的翻译进行谐音处理，将其译成了如今的"金利来"，迎合了生意人和消费者"金子般的财源滚滚而来"的好彩头和期许，而且"金利来"三个字也比"金狮"两个字读起来更加朗朗上口，"来"字同时还给人以一种动态的感觉。这样的翻译将语义信息对等和商务功效对等进行了相应的权衡和处理，在保留语义信息的同时，充分照顾了广告的商务功效，体现了译者对翻译的"度"的把握，其广告效果可想而知。

4Es 标准是商务英语翻译的基本标准，是以往翻译标准的集合，也是对以往翻译标准的升华，它与现阶段经济全球化的新形势相适应。在 4Es 标准的指导下，译者能够充分表达出原文所要表达的语义信息与文本信息，并对文化信息以及原文所体现的商务功效进行充分考虑，从而最大限度地提升商务英语翻译的准确性与完整性。

四、商务英语翻译的等值标准

等值翻译应该包括功能对等、动态对等、行文对等、形式对等几个方面。但以具体的文本翻译来说，不同的文本翻译倾向哪方面的个性诉求也有所不同，无论这种诉求是原文作者的、原文文本的，还是译文读者方面的。

（一）原文关切

原文关切指对原文负责，要求译者充分尊重原文，尽量客观把握原文作者所要传递的信息，无论采用直译或意译的方法，都必须完整地、忠实地反映原文的思想。译者虽然有一定的主观能动性，但必须采取全译的方式，不能对原文进行选择性的变译，更不容许对原文意思曲解。例如，"The financing of international sale often involves bills of exchange and documentary credits." 一句在《商务英语翻译（英译汉）》中被译为"国际商品买卖的货款收付情况体现在汇票和跟单信用证中。"，显然，译文将"financing"译为"货款的收付情况"是不正确的，原因是译者没有抓住"financing"的词义特征，从而影响了对"involve"这个词的理解，造成了汉语译文不伦不类的情况，导致最后的翻译根本谈不上传递任何专业信息。正确的译文应该是"国际商品买卖货款的收付经常要使用汇票和信用证。"

（二）译文关切

好的译作在行文表达上要对译文负责，既要符合译文的表达习惯，行文通畅，达到严复所说的"达"的效果。这就要求译者在正确把握原文信息的前提下，在译文中对原文进行省略与添加。

例 1：A corporation enjoys continuity of life and perpetual existence, unless other wise stipulated and/or specified in its constitutive documents.

译文：一家公司可以长久持续存在，除非公司章程中另有规定。

这种省略也可能针对原文中的一些特定结构进行。

例 2：Shipping details, including whether trans shipments are allowed. Also recorded should be the latest date for shipment and names of the ports of shipment and discharge. (It may be in the best interest of the exporter for shipment to be allowed from any UK port so that he has a choice if, for example, some ports are affected by strikes. The same applies for the port of discharge.)

译文：装船细节，包括是否允许转运以及装船的最后日期和装船、卸货的港口名称。(就出口商而言，如能任选英国的任何港口装船最有利。如发生罢工等情况下，他有选择港口的余地。对卸货港口亦然。)

译文省略掉了从汉语的角度来看是多余的成分，同时还采用了并句的翻译方法。对译文负责，有时还需要对原文中隐含但没有清楚表达出来的信息加以外显，即在译文中增添一些词语，使译文更加流畅，更符合译文的语言表达习惯。

(三) 译文读者关切

由于原文作者与原文读者具有相同的文化背景，甚至处于相同的语境中，作者会默认读者能够明白或容忍其行文中的一些笼统或模糊不清之处，为了对译文的读者负责，译者有时还需要在译文中具体化笼统或模糊不清的表述。

例3：If a firm anticipates the future imposition of quotas, its strategy will be to gain as much market share as possible regardless of profitability.

译文：如果某个公司预计政府将会实施配额制度，其策略就是获取尽可能多的市场份额，而不考虑盈利。

或者，为了使译文读者更好地理解商务英语中具有专业性的语言，译者需要对原文中的一些深奥的专业术语在译文中进行专业化处理。

例4：All debts due to and liabilities of my late firm have been taken over by Mr.C.P.and will accordingly be payable to and by him respectively.

译文：我前公司的所有债权、债务都已有C.P.先生接管，将由他全权负责。

(四) 翻译目的关切

商务英语文本是实用文本，具有明确、特定的交际目的。商务文本翻译属于实用翻译范畴。因此，在能保证准确地传递专业思想、实现文本交际目的的前提下，译者可以甚至必须对原文进行整合、纠偏，以顺应译文的表达习惯，更好地实现原作者的交际目的。

例5：Universal Foods carries food products, groceries, rice, coffee, creamer, corn oil, vegetable shortening, potato chips, nuts, peanuts, cashews, hot sauce, microwave popcorn, honey, candies, peanut butter, mayonnaise, vinegar and other products.

译文1：宇宙食品公司经销食品、杂货、大米、咖啡、植脂末、玉米油、草本起酥油、薯条、各种坚果、花生、腰果、辣味佐料、微波炉爆米花、蜂蜜、糖果、花生酱、蛋黄酱、醋以及其他产品。

译文2：宇宙食品公司经销各类粮油副食品。

与译文1相比，译文2简洁明了，同样实现了文本翻译目的——介绍产品。同样，例6中的译文也采用了巧妙的策略，更好地实现了原文的交际目的。

例6：China's laws governing the intellectual property rights include three laws governing the protection of intellectual property, which are: Trademark Law of the People's Republic of China, Copyright Law of the People's Republic of China, and Patent Law of the People's Republic of China.

译文：中国有关知识产权的法律有《中华人民共和国商标法》《中华人民共和国著作权法》《中华人民共和国专利法》。

第三节　商务英语翻译的策略

当前，全球化的时代浪潮席卷而来，国家间在经济、文化、思想等领域的交流愈发广泛和深入。作为世界大国，我国幅员辽阔、物种多样，拥有丰富的自然资源和人力资源。在此情况下，我国和国外的商务活动逐年增加，外资企业、中外合资企业不胜枚举。因此，商务英语的应用空间和发展空间，得到很大程度的拓宽；社会和企业对英语专业人才的需求越来越大，对人才要求的标准也越来越高。随着越来越多企业加入国际贸易的战场，商务活动的竞争更加激烈，对商务英语的翻译专业程度要求非常高。在此背景下，翻译者需要具备强大的语言能力和翻译技巧，才能适应新时代的发展需要，推动商务英语行业的进步。

商务英语翻译具有实用性、职业性、目的性、跨文化交际性以及时代性等特征。商务英语翻译的题材较为广泛，包括经济贸易、商务沟通、市场营销、企业介绍、产品宣传、合同协议等，且涉及英汉文化比较、英汉编译、专有名词互译等多种翻译类型，覆盖金融、会计、法律等多个方面的知识。

另外，在经济全球化的背景下，商务英语翻译更加注重规范化与标准化。在商务活动中，翻译人员要充分考虑两种语言之间的文化差异，注意双方所提倡与禁忌的内容，尤其是在对企业形象与企业所生产的产品进行介绍时，翻译人员承担着促成营销的作用。因此,翻译人员应格外注意翻译中所用词语的选择,在保证翻译的准确性与便利性的前提下,最大限度地提高商务英语翻译的质量,促进商务活动的顺利开展。由此可见,商务英语翻译对译者的专业素质要求较高,要求译者不仅具备必要的英语语言功底与商业相关专业知识,而且对英美文化相关知识有一定的了解,能够深刻理解翻译材料,精确表达原文内容,准确抓住原文想要达到的商务功效,在保证翻译的完整性与准确性的同时,展现丰富的英语文学素养。

一、商务英语翻译存在的问题

(一)词汇翻译中的问题

英语文化中的一些词汇具有显著特点,导致汉语文化中不存在与之相对应的词汇,原文翻译时会遇到很大的困难,往往会词不达意。比如"desk copy"的意思是"向著作者赠送样本,以此来表达感谢之情",但如果直接将其翻译成"赠书",势必会影响"desk copy"所要传达出的文化信息。另外,在商务英语翻译过程中,还会面临汉语与英语文化的内涵不一致的情况,比如汉语中的"龙"在中西方文化中有不同的内涵。在商务英语翻译过程中,一些专业词汇的翻译会有很大的难度,这些专业词汇包含的知识较多,且涉及的层面较为广泛,若是翻译错误,便会显得不专业,影响整体的翻译效果。

(二)句式翻译中的问题

我国的文化偏重于形象思维,英语国家的文化偏向于抽象思维和逻辑分析,这导致商务英语翻译过程中的句子结构会有很大的不同。就英语句子的特点来说,其注重逻辑性,核心在于"形式",要求句子结构必须完整,而且在表述时非常注重客观的叙述内容,很少使用人称。因此,在商务英语中,尤其是商务合同中,经常采用被动语态。汉语句子十分注重悟性和意会,句子的核心是"意",会很重视句子,但是不会去特别注意语法。在具体使用时,经常会使用人称表达法来完成强调动作与行为的主体。

(三)语用翻译中的问题

每一个民族的语言表达习惯和词汇体系均有很大的差异,这一点在商务英语翻译中会很突出。在商务活动中,双方在问候、语言表达、称呼等方面均会有很大的差异,比如当你为一个人提供某一种服务时,别人想要感谢你,在汉语文中你会说"不客气""不用谢"等词汇,但是在商务英语翻译时,不能直接翻译"不客气""不用谢"。

在传统文化影响下,中国人在表达自己的意愿时会显得很含蓄内敛,经常会使用一些较为委婉和强调客气的语言来表示推辞。比如当某人请你去他家参加聚会时,若是你有抗拒心理,想委婉地拒绝他,则会用一些模糊性的词语,比如"可能""差不多""也许"。但若是将这种语用方式应用到商务英语翻译中,会造成很大的误解。比如"I will do my best to..."若是直接应用到商务英语翻译中,会让对方认为"你一定会尽量克服困难完成的",对方将这一句子认定为肯定回答。

(四)基本语言问题

从目前来看,我国的对外贸易中英文交流平台已经相对成熟,只是个别的英语词汇和语法仍存在使用上的不足。以英文网页为例,在对经营主体进行介绍时经常会出现用词不准确、不标准等问题,而且翻译过程也存在灵活性不足的现象。与此同时,人工服务平台也可能受到翻译背景限制,导致词汇翻译不是那么完美。例如,将 Dark Souls 翻译为"黑暗首尔"(Dark Souls 是一款名为黑暗之魂的游戏),或是将"秒杀"翻译为"second kill"(second kill 来源于游戏,购物平台的秒杀活动地道的译法为"lightening deal"或"flash sale"等)。由此可见,在对外贸易英语词汇的使用过程中还存在一定的基本语言问题。

(五)文化背景差异

英语交流过程中的差异性很大程度上是由于文化背景的差异导致的。举个简单的例子,西方文化引领下的思想是较为直接的,很多时候都是直奔主题,目的性极强。而相比之下,东方文化是偏婉转的,需要铺垫和斟酌才能进行详细表达。所以这种根本上的文化差异导致对外贸易在宣传和沟通时会产生信息传递的失真以及重点信息的模糊,不仅很难符合国外消费者的内心,而且还影响了企业的国际市场形象。

二、商务英语翻译注意要点

商务翻译涉及的内容较为广泛,像政治、法律、经济等都会包含在内,在服务于具体的商务类型中,需要满足对商务内容的精确理解和表达。

（一）商务翻译实践性

国际商务往来都必须以实践为基础，在面对不同经济领域时，对翻译场景的把控也存在差异，为了检验商务翻译的质量，就必须以实践性为基础。实践阶段也是重要的练习过程，在具备充足的翻译知识后，要利用实践去联系现实商务情形。在实践阶段，对翻译内容也提出了需要遵守的原则，以忠实（faithfulness）、统一（consistency）、准确（exactness）为方向。需要按照语义的忠实性、文化对等性、功能对等性、可接受性为标准，在熟悉商务语言内容后，确保整体的商务翻译规范统一，在保证严格准确的条件下满足语言的流畅性。

（二）商务术语翻译

商务术语体现出翻译功能的需求特点，在掌握语言翻译的阶段，拥有充足的专业词汇量是基础。丰富的词汇是开展翻译工作的条件，商务翻译必须符合专业术语的要求。在不同地区形成的跨文化范围内，衍生出来的术语要与该地区的文化相对应，从术语翻译的方向出发，主要包括词汇和学科专业知识。

1. 词汇方面

术语翻译期间，在词汇层面上要重点关注词义的拓展，包括词的内涵和外延意义。首先，单纯从词性的角度观察，名词性的术语通常直接译作对应的名词内容，形容词和动词等也符合这种特征，在确保词性对等的同时，也能够让翻译的内容维持在对应的状态。不过，在商务翻译应用阶段，存在术语无法寻找到词性、语义、形态等能够对应的词。这种情况的出现会增加商务翻译的难度，在实现两种不同语言互译过程中可能引起歧义。

其次，在商务术语翻译中，术语属于在特定群体中能够形成与之对应的概念或者图像。商务翻译的主要目标就是要利用表达相同概念的术语去完成转化，译者要掌握多种术语翻译的策略和技巧。只有在交流层面上能够准确找到等价的术语，才会让翻译工作变得轻松，若是在商务翻译期间无法找到与其对应的术语，就需要利用个人的翻译方法和技巧去克服困难，弥补词义缺乏带来的漏洞。

在采用术语翻译期间，又包括直译、音译和意译等情况，直译是最为常见的方式。例如，将 Software 译为"软件"，Facebook 直接译成"脸书"。在使用意译期间，需要从原文阐释的内容出发，结合语境追求贴切和自然的描述，例如，将 computer 译成"计算机"。在众多方式中，还有一种"不译"的现象，也被叫作"零翻译"，就是针对国际认可度比较高的词汇，形成特定的名词，即使不用翻译大家也能够理解所代表的内容，例如，App 和 iPhone 等。

2.学科专业方面

术语属于表达专业概念的词汇，在完成术语翻译的阶段要满足专业化的需求。例如，从传统翻译角度来讲，会直接将 future 翻译成"未来、将来"，但是在商务英语中，future 作为金融术语被译为"期货"，很显然，同一名词在不同学科中具体代表的含义存在很大差别，这也正是在翻译期间造成翻译模糊情况的原因。例如，对于 interest 这一英语词汇，按照平常翻译的特点，会直接将其译成"兴趣"，可是由于它涉及不同专业领域，最终产生的概念内容并不相同，在有关商务合同中会将 interest 译作"利益"，到了金融领域又会翻译成"利息"，而在保险业的术语中 interest 又被译作"保险权益"。

三、商务英语翻译的要求

（一）政治观念必须正确

不管是服务于何种企业，良好的政治观念是最基本的要求。政治观念也可以理解为政治文化，是商务英语翻译中文化因素的重要一面，比如某跨国企业在对外商务活动中涉及大陆、台湾等提法时，需要坚定政治立场，做到翻译精准。

（二）高度的职业责任感

商务英语作为一个具体的工作职能，其本身要求商务英语翻译人员具备较高的职业责任感，尤其在面对生疏的翻译内容时，更要谦虚谨慎。良好的责任感有助于商务英语翻译人员对职业进行正确地定位，对翻译内容定位，尤其是涉及文化因素方面的翻译内容，更是考验商务英语翻译人员高度职业责任感的重要体现。

（三）英语翻译能力优秀出色

翻译能力是商务英语翻译的基础能力，身为商务英语翻译人员，要求必须精通商务英语专业表达涉及的口译技巧、笔译技巧等，尤其是在临场应变能力、心理素质，以及翻译人员综合文化素养方面，都需要商务英语翻译者抱着久久为功的心态持续注重更新知识，学习技能。

（四）要有较强的知识水平能力

商务英语翻译人员具备良好的知识储备，本身就是翻译人员综合素质过硬的体现。在一定意义上，知识水平能力等同于翻译者的眼界，其涵盖了文化的诸多方面因素。

（五）要有较强的应用水平能力

商务翻译人员的应用水平能力主要有这几方面体现。一是中英文语言的快速转化能力，这需要翻译人员具有丰富的翻译经历，是可以实现量变和质变的积累的。二是对中英文中俚语的理解能力，充分了解两国文化的相容点和不同点，在商务活动交流中，合理合时地进行翻译。

四、提升商务英语翻译水平的策略

（一）以翻译目的论为指导

从翻译根本思想角度来说，要以翻译目的论为指导进行翻译。翻译目的论由德国翻译学家赖斯等人提出，该观点认为，翻译应当具备目的性，不能将原文与译文进行对等，而是要将翻译作为一种工具来达成某个目的。在目的论的指导下，翻译者在翻译前应当先认清翻译行为的目的，例如译者的目的、译文的目的以及特定翻译策略的目的。翻译目的一般为译文目的，以阐释和传播。翻译者应当据此目的决定翻译过程和翻译具体策略，力求达到预期翻译效果。

从翻译基础能力角度来说，要不断积累外贸领域专业词汇，培养翻译思维。外贸商务英语中的行业专用词汇和科技类词汇较多，并且随着相关技术的推进还有许多新词汇不断出现，这就需要翻译者养成持续学习、持续增强知识储备的意识，如此才能始终与外贸行业发展相接轨，从而及时地了解各类成分信息的专业词汇、加工的专业英语词汇以及贸易相关专业词汇。在不断积累专业词汇的同时，翻译者还需要培养连贯性翻译思维。因为外贸商务英语的行文方式具有商务性，公文性质较为明显，与普通文章有一定区别，翻译时容易出现句意断层现象。因此翻译者需要在日常翻译实践中养成厘清文意、连贯翻译的思维习惯，确保译文顺畅，方便阅读和理解。

从翻译具体技巧角度来说，要多方联系，明确句意。根据外贸商务英语特征，翻译者可采取以下技巧来明确原文含义。一是根据行业性质来确定词义。不同的商务领域中其词义也是不同的，例如食品购入和外销环节、质量审查环节、税收核算环节等，其专业范畴都不同，翻译者如果遇到易混淆词句，可以根据专业范畴选择最为贴合的语义进行翻译。二是根据语境确定词义。在不同的语境下，部分英语词汇有着特定的含义，因此翻译者在翻译过程中应当充分结合上下文的具体语境，明确原文意思。三是通过固定搭配确定词义。对外贸易商务英语中有很多固定搭配短语来体现言简意赅的文体特征，因此翻译者可以多了解不同词汇的固定搭配，从而提升翻译准确度。四是通过英语文化确定词义。对外贸易涉及中外文化的交流和碰撞，有许多英语词汇来源于英语国家的活动，因此翻译者应当对英语国家的文化有一定了解，从而为部分文化类词汇的翻译奠定基础。

（二）培养良好的职业素养

商务英语翻译是很重要的工作，但是商务翻译并不是件容易的工作，首先，译者要有坚定的政治立场和高尚的职业道德，还要具备良好的政策水平，要遵守纪律。译者要有高度的责任感，在翻译交流的过程中，要保守国家和商业机密，在从事翻译的过程中，不要有任何不利于国家和民族的行为。其次，译者还要有过硬的业务水平和专业知识。译者要有过硬的英语和母语的专业表达能力，除了要有熟练的语言运用能力，还要有较好的跨文化交际能力。在翻译的过程中，还会涉及国际时事、人文地理、风土人情、现代科技等各种知识，译者的跨文化能力越强，就越能充分地实现交际目的。

（三）熟悉商务翻译的过程

熟悉商务翻译的过程，有助于译者把一种语言的信息更好地用另一种语言表达出来。美国著名的翻译理论家奈达将翻译过程分为：分析、转换、重组和检验四个阶段。这四个阶段的划分同样也适合商务翻译，概括了商务翻译的理解、表达和检验的过程。首先是理解和分析阶段，这是商务翻译比较重要的阶段。如果对源语理解不透彻，就会出现误译或错译。所以在翻译时，必须要认真阅读全文，了解待译资料的内容和专业领域，有时还需要查阅相关的文献资料。这个过程需要译者分析理解的内容包括原文的语言现象、文化背景和语篇类型。语言现象包括词汇、语法和修辞的理解分析，文化背景包括源语的历史、地理、风俗习惯等的表达。语篇内容包括原文的题材、文体和风格等内容。理解原文时，还必须将专业内容理解透彻，这三个方面是统一的整体。

（四）掌握商务翻译的技巧

由于商务英语是以商务往来为基础的语言交流，所以它包括的范围相对较广。这也就决定了商务英语学习者和翻译人员不仅要具备扎实的英语基本功，还要有对其他专业英语（金融英语、贸易英语等）的了解。这样才能使交易双方沟通顺畅，完成交易。任何翻译都是一个再创造的过程，都要经过加工和重组，商务翻译更是需要如此，需要使用以下译法。首先是合译法和分译法。合译法适合汉译英的情况，这是由于汉语基本都是意义相连的几个简单句，而英语的句子要求逻辑意义强，所以要利用各种连词将句子译成从句或使用非谓语动词等转换成长句。分译法适用于将英文的句子长句结构译成汉语的分句结构，同样，这也是由英汉两种语言的结构特点所决定的。

例如：We don't differ in the profit distribution.

译文：关于利润分配，我们没有异议。本句采用了分译法。

在商务英语翻译中，要做到用目标语言把源语言的信息准确、忠实地表达出来，使读者在阅读过程中充分获得与原文内容相吻合的信息，即信息等值。翻译过程中概念要清晰、用词要准确，特别是数字与单位要精准。

例如：Our offer is a firm offer and remains good until 2∶40 p.m. 28, July, 2020, Beijing.

译文：我们所报的实盘有效期到北京时间 2020 年 7 月 28 日下午 2∶40。

这段翻译清楚地表达了报盘的类型以及有效期时间的具体规定。遇到长句翻译时，可选择词性转换的翻译技巧，将原句的名词转换为动词形式。

例如：We find it necessary to change trade terms under your Order No.123.

译文：我们发现必须要改变你方 123 号订单项下的贸易术语。

词语词性的转换并没有改变原文的具体内容，反而更加直截了当地表达了意图。

第二个方法是词类转换法。由于表达习惯和语言结构的差别，源语与译入语在语法结构和表达上很多时候都不是直接对应的，为了使译文符合原文的表达习惯，译者可以将原文的词类进行转换，这样能使译文更加通顺。

商务翻译的技巧还包括增词法和减词法。增词法就是在翻译的过程中根据表达的需要，增加一些原文中没有的词，这样可以更通顺地表达原文的内容，可以增加的词类包括名词、动词、形容词、副词、量词、语气词等。有时为了完整表达原文的逻辑关系，在汉译英时还需要增加连词。减词法与增词法相反，在翻译时，要删去一些原文中没有必要表达其意义的词或者根据需要不译的词，例如冠词、代词、连词、介词等，使译文更简洁清晰，避免累赘和不通顺。在翻译过程中紧密联系上下文，可以增加句子中没有出现但却暗含的词语，也可以删去与原文意思相近的词语，例如 business terms and conditions 可以直接翻译成"交易条款"。

至于正译和反译法，完全是根据观点表达的需要。英汉两种语言都有正说和反说，在商务翻译的过程中可以灵活使用。直译和意译也是同样的道理，根据理解和表达的需要，可以采取直接对译的方法，也可以根据原文的深层结构和意义进行意译。但是在职场翻译的实务中，更多的是采取综合和重组的翻译法，在商务翻译实务中，同时使用多种翻译方法和技巧，将原文更好地翻译成译文。

（五）具备良好的汉语功底和英语语言能力

国际商务英语翻译工作者在进行两种语言的翻译时，不仅要具备良好的英语专业水平，更不能忽视自己的汉语功底。在商务翻译的过程中，译者会遇到大量的长句，因此对于长句的缩句增补添词就是非常重要的一点，译者的语言逻辑性会直接影响句子的翻译结果。所以，商务英语学习者要具备扎实的语言语法功底、宽泛的商务专业词汇、广博的商务理论知识以及丰富的商务实战经验。

深入了解中西语言语用上的文化差异，中西方文化差异表现在很多方面，译者在翻译前需要清楚了解中西方文化的不同之处和相同之处，熟练地将一种语言译成另一种语言。在商务英语翻译中，为了避免受中西方文化差异的影响，商务英语学习者和翻译者就必须加强对中西方文化差异的认识和学习。在中国文化中，牛作为农业生产中的主要劳动力，代表着勤劳、忠诚；在西方文化中，马作为农场的主要劳动力，是忠诚、可靠、勤劳的象征。因此，只有在深入了解了中西方的社会文化、生活习惯、宗教民俗差异后，才能将商务英语中的各类语句精确地翻译出来。

（六）熟悉各种商务文本的翻译方法

实际上，商务英语文本翻译并没有规章制度的约束，需要翻译者根据自身的经验和理解，进行准确、高效的翻译。具体来看，翻译者在商务英语文本翻译的过程中，应该具体问题具体分析，区别对待商务信函、商务合同、商务广告等不同的商务文本类型。举例来说，翻译者应对商务信函，需要加重真实性，通过简单易懂的语言，展现更多的信息量，不应该使用复杂难懂的句式和词语；翻译者应对商务合同，需要加重约定性，通过严谨准确的语言，传达原作者的语言本意，不应该添加个人情感和主观感受；翻译者应对商务广告，需要加重感染性，通过呼吁宣传的语言，引导消费和投资，不应该机械僵化地翻译原作者语言。

1. 商务信函的英语文本翻译

作为信息类型文本，商务信函的英语文本翻译需要落在实处，切忌空话、虚话，应该展现更强的真实性和客观性，推动国家商务合作的交流和进程。一般来说，商务信函的英语文本翻译只需要复述原作者语言，就算完成任务。但是，在翻译的实际情况中，翻译者需要深入分析原作者的想法和表达，尽量还原更多的语言背景，给予国际商务活动双方更多、更准确的信息量，进而帮助相关企业的后续决策工作。具体来看，翻译者需要从商务信函的具体特征出发，认识到商务信函在国际商务活动的实际作用。在此基础上，翻译者才能有针对性地进行翻译工作，最大程度发挥商务信函的简便书信交流功能。另外，翻译者还需要尊重商务信函的词句表达规则，使用更加规范、书面的语言，体现翻译的严谨、准确。商务信函涉及国际商务活动，存在大量的行业和领域词汇。因此，翻译者在商务信函翻译过程中，需要提前了解涉及的行业和领域情况，了解其发展情况和未来趋势，并整理更多的专业词汇和学术用语。举例来看，delivery、enquiry、offer等词语在商务信函翻译中，有独特的语义；CIF、CBD、FOB、L/C等缩略语在商务信函翻译中，经常被使用。总之，翻译者不能脱离实际，在翻译时应该具体问题具体分析，才能达到更好的效果。

2. 商务合同的英语文本翻译

商务合同的内容所涉及法律法规，更加权威、严肃，翻译者必须具备基本的知识，明确合同的签约内容，传达原作者的真实想法和意向。作为表达类型的商务文本，商务合同具有的独特性，需要翻译者的认真对待，切忌出现歧义，从而导致无法挽回的结果。具体来看，商务合同需要避免口语表达，需要重视常规性和日常性词汇的使用，保证整体化和正式化。翻译者需要具备关联意识，了解商务合同文本翻译与其他文本翻译的不同点和相同点，尊重商务合同的差异性和独特性。另外，商务合同源自西方，涉及很多古语的使用，需要翻译者储备相关知识，才能更流畅地进行翻译工作。并且，翻译者还应该注意外来词的使用，不能盲目使用同义词和反义词，需要将严谨性和规范性原则，渗透到翻译的方方面面。

3. 商务广告的英语文本翻译

相较于商务信函、商务合同，商务广告的英语文本翻译更加自由。作为呼唤类型文本，商务广告的主要功能在于引导，通过一系列宣传，促成消费行为和投资行为。由此可见，商务广告的文本翻译不能机械僵化，而是应该更具有诱惑力，直接影响消费行为和购物行为，提高相关企业的经济效益。具体来看，商务广告的英语文本翻译，需要考虑受众的心理需求和接受程度，不是单纯地满足企业需要，而是应该从行业、企业、用户等多角度出发，不受原作的限制。因此，翻译者可以对商务广告注入更多的审美情趣，根据我国国情，增添更加引人注目的广告内容，达到更好的宣传效果。基于原作信息，翻译者应该传递更多的广告内容。在此情况下，翻译者需要了解广告学、营销学等的理论知识，收集更多的广告用语。

由此可见，翻译者在商务广告的英语文本翻译工作中，很大程度地承担广告文案工作，需要具备一定的行业专业性。一般来说，普通的商务广告翻译，往往只是复述原意；而高级的商务广告翻译，可以更加灵活、形象、生动地使用词句，引发消费者的兴趣。优秀的商务广告，就是用最简单的词汇，传达最深刻的内容。因此，翻译者需要掌握商务广告的特性，遣词造句符合营销、宣传的需要，达到更好的翻译效果。英文商务广告，善用修辞、隐喻、押韵等方式，体现出更多的节奏性、幽默性、形象性、生动性。对此，翻译者在中英转换中，经常会遇到很多问题，无法展现英文商务广告的优点。在此情况下，单一的翻译语义远远不够，翻译者需要进行更多的思考和设计。具体来看，翻译者需要运用口语化、生活化的词句，提高商务广告的感染力和亲和力；翻译者需要使用更多的修辞手法，比喻、拟人、类比等可以使商务广告更加生动、形象；翻译者需要运用成语、文言等，体现商务广告的文化内涵；翻译者需要根据热点时事，增加商务广告的时效性。另外，商务广告的特性，要求翻译者需要简化表达，缩短语句、精简词汇，多使用短语和省略句。不同于其他文本翻译，商务广告的应用文本翻译更需要体现美感，给人更加深刻的记忆点和印象点。所以，翻译者应该注意情感与意义的有机结合，达到情中有意、意在情中的表达效果。实际上，商务广告的英语文本翻译，就是给表达染上情感，传递出更多的情绪，引起消费者的共鸣。一般来说，商务广告更多使用第二人称，显示出更强烈的对话性。在此情况下，翻译者应该注意中英文之间的人称转换，实现商务广告的本土化改造，具有深刻审美情趣和精神内涵。由此，商务广告的英语文本翻译从实际出发，更能促进消费和投资。

（七）树立跨文化交际意识

受到两种文化的差异影响，在商务英语翻译过程中会存在一个因为跨文化因素而产生的语种区别问题，导致所要表达的意思在另一种文化环境中是另外一种意思。因此，在商务英语翻译过程中，要对两种不同文化之间的差异有充分的了解，正确理解不同民族文化中的非言语和言语行为功能，以此来有效解决商务英语翻译过程中的跨文化交际问题。

1. 尊重对方文化

翻译工作者要高度尊重双方的文化，并处理好双方的文化差异，这就需要译员不断通过多途径去接触和学习不同国家的文化意象内容，对以英语为主要交流语言的国家有明确的认识，从而在开展翻译的过程中把握正确的翻译方向。例如，在中国的贸易往来中，"打白条"这一词语并不陌生，指的是一种非正规的收据，英语翻译为"issue ious to you",如果译者不注意或者对文化的理解不充分,将其翻译为"issue blank paper",这在对方看来,就会将其理解为"空头支票",即无效的票据,而不是非正规的票据,导致在对外的贸易往来中出现问题,甚至会影响贸易谈判的结果。为避免这些问题的存在,要把握文化的核心要素。

2. 译员提升自己的跨文化意识

商务英语翻译工作作为对外商务活动开展的基本构成要素,关系到对外商务活动的开展效果。由于对文化的了解和关注度不足,出现了一些问题。为解决这些问题,商务英语译员需要不断提高自己的专业素养。一方面,商务英语翻译工作者要具备扎实的基本功,在词汇、语法还有语义方面都能够做到翻译得准确和高效。当然,基本功的积累需要长期的实践锻炼来达成,并非一朝一夕可以实现。商务英语翻译的过程,对翻译工作者提出了严格的要求,只有具备专业的理论知识体系,快速的反应能力,才能够保证发挥效用。另一方面,对不同语言的国家文化要有全面的了解。充分了解双方国家文化和历史背景,能够有效把握双方的现实需要和内心所期待的理想状态。

例如,在商务谈判的过程中,双方关注的焦点是商品的质量而不是价格,在翻译的过程中要尽量突出和强调质量,而不是价格,这样才能够促进商务谈判的进行。

3. 灵活应用跨文化翻译技巧

对外贸易规模的不断扩张,商务英语翻译备受关注。作为商务谈判成功与否的关键所在,商务英语翻译工作者要肩负起贸易谈判促进者的角色,即在进行翻译的过程中,要保持语调的平顺,并使用声情并茂的方式完成翻译过程,使对方能够感受到被尊重和开展贸易往来的诚意。以这样的方式,来促成贸易谈判,如在开展贸易谈判的过程中,出现情绪激动的情况,语言上有很多不注意的地方,需要翻译工作者做好调整,避免以直译的方式来传递不良的情绪,要以平等为前提,做好本职工作。

(八)有效引入文化背景知识

商务翻译通常属于两个国家或者区域的跨国际商务经济交流,如果没有对该国家或区域的文化背景进行一定的了解,是难以将具体内容做出准确翻译的。基于此,在商务翻译中就需要注重引进翻译语言的特定文化背景,只有对经济交流双方国家的文化、社会、金融等领域进行研究,感受到不同国家或地区的差异之处,才能够在翻译过程中进行针对性的分析和解决。商务翻译并不是对存在的内容按照单个词汇的意思进行组装，提升语言文化意识，学习对方的商务文化，感受到该国家或区域商业环境的总体特征，在渗透理解的基础上，全面提升商务翻译的技巧。

商务英语翻译应该努力实现文化信息传递的对等性，按照国际商务翻译的标准来执行。为了避免不同文化差异给翻译内容造成的误解，要注重对相关语言具备的文化特征方面的培训。在本地区文化中被赋予吉祥的事物，有可能在其他地区具备着消极的影响。商务翻译需要从语言和文化两个层面出发，对跨商务文化意识进行培养，防止译文和原来语言在文体、文化信息、功能方面不对等的状况出现。

例如，在商务翻译涵盖内容广泛的背景下，它通常会涉及法律法规以及广告宣传等内容。法律是具备强制约束性的，在翻译期间必须满足用词严谨，不存在模棱两可的现象。在涉及商务合同翻译时，这种术语就必须具有法律性质，如 award 翻译为"仲裁、裁定"，不能直接翻译为常见"奖金"；将 assignment 译成"财产的转让"；涉及国际贸易术语时，要具备专业术语性的特征，将 balance 翻译成"余款"。特定语言的适用性有时要从文化背景方面去理解，对于容易出现歧义的情况，在商务翻译中要重点关注。

第三章 商务英语语言与翻译相关理论

随着近些年科技革命以及全球化贸易互通程度的不断加深,国际合作交流的需求日益密切。为了更好地把握国际政治经济的友好发展态势,利用准确性高、较为正式的商务英语可以有效解决不同国家之间贸易往来过程中各环节需要的注意事项,无论是招商引资还是签订各种合同文件,都需要这种技能型英语的加持,才能更有效地加深各国之间的经济交流,提高整个商务活动的流畅度和科学性。

本章主要论述商务英语语言与翻译相关理论,分别介绍了商务英语翻译影响因素、商务合同翻译探究和商务英语语言与翻译的价值三方面内容。

第一节 商务英语翻译影响因素

一、中西方文化差异因素

种种客观因素的影响,造就了中西文化的不同,形成当今世界多文化生态格局。文化差异是国际贸易商务英语翻译必须要着重考量的关键因素,并在一定程度上决定了其成败。综合来讲,中西文化差异体现在多个方面。

(一)宗教文化差异

西方国家大多数以天主教与基督教作为其信仰,而我国的传统宗教影响深远的是道教与佛教,信仰宗教的不同表明了中西方文化的差异。不同国家虽然宗教信仰不同,但是也不表示着每一个人都是忠诚的宗教信徒,可是在国际交往中,宗教信念及文化仍会影响两国的文化交流。在宗教文化的渲染下,商务英语翻译当中会将个别单词的意义进行扩充,例如,我国将多个菩萨、佛祖作为重心的成语"借花献佛",依据这语义翻译理念所得到的英文是"to present Buddha borrowed flowers",倘若西方国家人员对于我国佛教文化不是很理解,就会对于其中深层的含义造成错误理解,阻碍商务英语的发展。

（二）历史文化差异

由于各个国家的历史进程及发展是不一样的，所以产生了不同的历史文化元素，这些也都使得人类的思维、想法等有着较为显著的区别。例如，我国自古就将龙作为高贵、吉利和宏大的象征，但是在西方文化中龙所代表的多数为邪恶的化身。在一些西方国家中，龙是一种极其凶恶的生物，通常是用来形容凶恶的女人。在此基础上，我国在进行商务英语翻译中，必须极力地避免展示作为龙的传人的骄傲，必须注意西方人对此方面的误解，推动优良的国际关系交往。

（三）思想文化差异

中西方国家的思想文化存在着极其显著的区别。我国具备着较为浓烈的群体意识，在问题的表述中较为直白，较为注重群体的利益。西方国家是极其看重个人价值的，有着较为浓烈的个人中心思想。在商务活动中，在依据商务英语翻译沟通时，中西方的思想文化在翻译不恰当时会形成一定程度的矛盾。例如，西方会用"green thumb"来表述对于菜农进行评判，对其个人价值与成绩提出赞美。"all thumbs"如果采用语义翻译理论，在我国看来就是呆头呆脑，笨手笨脚的意思，由此可见，在思想文化有着区别时，如果不采用交际翻译理论开展商务英语翻译，是不能表述其更为深入的内涵的。

（四）表达方式差异

商务英语不仅表现在商务信函中，更体现于商务人士的洽谈、餐饮等各方面。中国人喜欢用委婉含蓄的语言进行表达，这虽然体现了中国人的传统文化礼仪，但却给翻译工作造成一定困难。西方人表达直接，少用象征、比喻等修辞。尤其在商务洽谈中，西方人会花相对较少的时间与对方寒暄，开门见山切入主题，如果不能接受对方提出的建议，他们会毫不避讳地直言相告。

（五）颜色和数字文化的差异

颜色词语具有其独特的魅力，由于文化背景的差异，中西方对同一事物的思维方式也迥然不同。中国人喜欢红色，它代表着兴旺、喜庆和吉祥，通常作褒义词用。但在西方文化里，红色一词多用作贬义，有血腥、残忍和灾祸之意。在东亚，红色表示股价上升，而在北美的股票市场，红色却表示股价的下跌；绿色在中国象征着青春和希望，但西方却将绿色视为嫉妒、幼稚的代名词。中文"绿茶"翻译成英文是"green tea"，但是"红茶"翻译成英文就不是"red tea"，而是"black tea"。

各个国家由于风俗习惯和宗教信仰的不同，数字观念也大相径庭。中国人把数字6定义为吉利顺意的象征，但在西方文化中6却被寓意为魔鬼邪恶的化身，因此，出口西方的货物和商品绝不能用数字6装饰。西方人普遍认为13这个数字是不吉利的，甚至有些人会在13日这一天停止一切活动。因此，商务英语的学习者要了解这些文化差异，并拓展对中西文化各个方面的知识学习。

（六）名字称呼的差异

每个国家都有其特有的文化，中国的传统文化是中华文明历经五千年而汇集起来的历史文明结晶，中华传统文化源远流长，中国素有"礼仪之邦"之称。中国人谦称自己为"鄙人"，称他人之子（女）为"令郎"或"令媛"，称自己之子为"犬子"；对有一定地位的人尊称使节、节下等，对年长者和朋辈的敬称有君、子、足下等。商务译员翻译时就需做到灵活巧妙且翻译得当。西方人在商务信函的开头也爱使用敬语，他们通常会使用"Dear Sir or Madame"，当翻译时，如果按照表面上的意思译成"亲爱的先生或女士"，那么对于第一次洽谈的顾客来说未免过于亲昵。译成"尊敬的先生或女士"，既能够表达出尊敬的语气，也符合商务礼仪的要求。一词多义的现象在商务英语中也非常普遍，比如"president"这个单词，既可以表示"总统"，也可以表示"院长、会长"，还可以表示"总经理、董事长、总裁"。因此，在商务英语的翻译中要做到翻译准确，切勿张冠李戴，引起误会。

二、交际翻译理论

（一）交际翻译理论的重要作用

交际翻译理论在商务英语翻译中更加注重深入的翻译工作。通常情况下，商务英语翻译表面意思都可以通过语义翻译理论来得到，其更深入的扩充意义是离不开交际翻译理论作为根本的，可以对不同文化翻译的重要点有一个适当的领悟。目前，"地球村"这一理念愈发被大众所认可，在不同国家之间的文明、政治、经济交流愈加频繁的环境下，商务英语翻译就更加需要依据交际翻译理论作为其基础，可以对语言、意义、思想有一个合理的转变，不仅可以让别国人员感受到对其国家文明的敬意，还可表明其语言当中的含义，对于构建良好的合作体系有着推动作用。商务英语翻译对于交际翻译理论的合理使用，可以增加翻译的精确性，对于建立优良的国际关系有着积极的促进作用。

(二)交际翻译理论运用的关键点

1. 保障翻译的可靠性

国际商务活动的开展需要不同文化背景的参加者,在文化具有差异性的环境下进行商务英语翻译工作就要注重交际翻译理论的适当运用。商务英语翻译在运用交际翻译理论时,可以将原文本中的主要含义进行合理的表述,让阅读者通过译文与原文本的对比形成一致的领悟及表述效果,提高交际的流畅性。因此,商务英语翻译必须加强对于不同文化的掌握理解,尽可能地避免出现文化阻碍。在进行翻译工作时,一定要对翻译的语言进行恰当的灵活变动,保证译文的合理性。

2. 专业语言的保证

商务英语在国际商务交流中,必须要保障对于专业单词的合理使用。其主体包括了海量的专业单词以及富有商务内涵的复合词和简略词等。因为,有些词汇其本身所具有的意义是多样化的,仅仅运用语义翻译进行翻译,可能会出现难以理解或误导的状况。在商业英语翻译中,对于交际翻译理论的运用,就要保障其翻译词汇的专业性。

(三)交际翻译理念的运用方向

1. 直接翻译

商务英语翻译应该是交际翻译理论与语义翻译理念的相结合,不应该直接放弃语义翻译理论。商务英语直接翻译中,应将交际翻译与语义翻译高度结合进行。通常情况下,在商务英语直接翻译中有两个方面,分别是发音直译和内涵直译。较为普遍的一种是发音直译,例如"chocolate"直接翻译为巧克力。内涵直译主旨是依据原文本的词汇结构与语法进行直接翻译。交际翻译理论在商业英语直译中需要合理采用,在保证本体文化的同时,结合其他国家文化,保障国际商务活动的正常进展。

2. 转换翻译

商务英语翻译是一定要有不同文化的积累,把翻译者的文化底蕴作为基础。转换翻译意思是通过把原文本中的单词、句子等转变成为其他含义,这有利于在不同文化环境下可以对同一目标进行合理沟通。

3. 意思翻译

商务英语翻译在运用交际翻译理论进行意译时,其主旨是通过对于原文本的内涵进行解读后,转变语言进行表述。这种情况的运用可以在商务英语直接翻译发生交流阻碍的时候，有效地避免商务活动的无效沟通。商务英语在翻译过程中适当地运用交际翻译理论进行意译，会有效地推动整体活动的顺利开展。

（四）交际翻译理论的培养

1. 语言文化能力

语言文化的培育从词法和语法两个方面入手。商务英语词汇量的扩充是词法能力培养的第一步，商务英语词汇存在着大量的多义词和与行业相关的专业单词。翻译者需要对各种商务材料进行阅览，参加商务活动，在实践中扩大词汇库，同时，对于第一语言也要有一个不断学习的态度，提升翻译时用词的精准性。语法的主旨是理解句法结构、句意结构与两者之间的联系，语法的培养可以有效地提高译文的精确性。语法的培育要高度融合各项英语课程学习，并自主地对于所学知识进行语法句法的探究。在实际翻译中应该更加注重对于句法的掌握，可以正确地理解语序与句法结构，提升对于原文本内涵的理解。

2. 社会文化能力

我国对于第二语言的学习更加重视学习语言知识，对于其文化是不进行研究的。不同国家的语言交涉在本质上就是不同文化的沟通。翻译者要对文化平衡与语言的重要性有清楚的认知，做到对文化及语言的双重重视。由于文化环境的差异，双方在交谈过程中很自主地从其本身所处文化环境去思考问题，不去重视对方的风俗及文化。为了确保商务活动的顺利进行，翻译者需要在了解双方文化的前提下，利用转换翻译来提高商务翻译的精确性。

肢体语言作为一种对于口语交流的补充，是全球使用较为普遍的表达方式。由于文化背景的不同，相同的肢体语言所具有的含义也是不一样的。例如：在英国交谈中注视对方，代表着真诚，而在中国这个肢体语言会让人感觉到对方蛮横。翻译者在翻译时也要留意双方的肢体语言，在了解肢体语言相关含义的同时，有效地促进双方的交流。

3. 思维能力

翻译者由于会被第一语言思维影响较深，在进行翻译工作时习惯性地采用第一语言思维模式，对于双方的文化差异重视不够。翻译者应对这一问题进行重视，培养其思维发散能力。思维能力的培养首先要对于两国语言思维有一个清楚的差异性与相同性的认知，在翻译工作中去注意所存在的区别。通过阅读原文本材料培养对于英语思维的理解。多听多看也可以帮助自身学习英语思维。在进行翻译工作时可以对于句法的表达，举一反三，逐渐形成思维意识，提升独立思考能力。

三、翻译美学的影响

翻译是两种文化的信息传递过程，像是一种迁移活动，展现翻译者的审美情趣、逻辑思维、意识形态。其中，翻译者的审美建立在翻译美学的基础上，具体包括 Aesthetic Idea、Aesthetic Ideal、Aesthetic Interest、Aesthetic Perception、Aesthetic Feeling 五个方面，即审美的观念、理念、趣味、感知、感受。

（一）翻译美学概念

翻译美学，就是翻译者的审美再现，通过两种语言的转换，体现两种文化内涵。由此可见，翻译美学将两种语言的文字与翻译者的审美情趣进行交融合一，突破表层的限制，追求更深层次的表达，创造出超越语言的美好。在此情况下，翻译者需要具备艺术家的鉴赏能力，通过自身的经验，分析语言的文字、结构、语法、隐喻等，了解原作者的语言背景和真实语义。在此基础上，翻译者还需要艺术家的表现能力，通过自身的技巧，进行语言的分析、加工、转化、升华等，再现原作者的精神内涵和情感共鸣。因此，审美的观念、理念、趣味、感知、感受五个要素，对于翻译者来说缺一不可。

作为翻译的主体，翻译者在翻译过程中，不是机械地重复而是重新地创造。具体来看，优秀的翻译作品往往能展现原作者的表达意图，并显示翻译者的语言情思和文化底蕴。由此可见，翻译者需要在原作者的语言基础上，赋予语言更多的生命力，展现语言更深的审美力。因此，翻译者需要具备艺术想象力，才能再现语言形象，从原作者的语言中提炼精华部分，加入更多地思考和情感，实现物我合一和情景交融。翻译美学，对翻译者的要求更多。在此基础上，翻译更像是艺术创造、情感再现的过程，展现两种语言的美妙和两种文化的风采。随着经验叠加和专业深入，翻译者需要加强美学素养，提高文本翻译的文化内涵。

（二）翻译美学对商务英语翻译的影响

1. 商务英语翻译具有忠实美

商务英语翻译需要准确、实用，应该展现更多的专业性和严谨性。在此情况下，商务英语受到翻译美学的引导，可以具有忠实美。忠实美的内核，就是诚信、真实。由此可见，忠实美高度契合商务英语翻译的原则和需要，可以实现翻译和原作的高度统一。实际上，虽然翻译美学具有艺术审美和文化内涵，但是不代表其倡导言过其实和词不达意的翻译现象。商务英语引入翻译美学，可以在保证商务英语本质的基础上，追求更高程度的表达，兼具商务属性和美学属性。其实，商务英语翻译作为英语翻译的一个种类，具有大众英语翻译的特征和自身的独特性，需要精准传达原作者的语言。相较于大众英语翻译，商务英语翻译需要更加严谨，以诚信表达为第一原则，严格遵从原作的语义和词义，体现翻译美学赋予的忠实美。

2. 商务英语翻译具有简约美

翻译美学对商务英语影响最深的就是简约美。基于翻译美学，商务英语翻译更加直观明快、通畅简单。此前，商务英语翻译过于注重准确性，忽略表达的简化和语言的提炼。在此情况下，商务英语翻译过分冗杂，内容反复，导致阅读体验不佳，很难进行高效的信息提取。具体来看，商务英语翻译具有简约美，体现在方方面面，不仅影响语法和语序、句法和句式、词法和词义，还影响修辞和隐喻。由此可见，简约美契合商务英语翻译的精炼需求，对商务英语翻译的重要性不言而喻。另外，商务英语翻译需要注意英语的特征，加强理解和应用复合词、缩略词等，以实现更加规范、合理的简约美。相较于文学名著的翻译，商务英语翻译需要更加言简意赅，避免华丽的修辞辞藻和复杂烦琐的语言表达，更加简约地传递商务活动信息。

3. 商务英语翻译具有婉转美

客观来看，商务英语翻译有很大的婉转美潜力。究其原因，商务英语翻译作用于国际商务合作，需要体现更多的礼貌得体、诚恳温和，不宜过于激烈张扬。在此情况下，基于翻译美学，商务英语翻译的婉转美发展方向，符合国家商务合作的需要。在具体国际商务活动中，商务活动双方保持绅士般的商务交际。因此，商务英语翻译的婉转美，可以传递友善、礼貌，避免竞争尴尬。具体来看，翻译者需要多了解中文和英文的使用环境和背景，尊重文化和情感差异，只有这样才能实现婉转美的翻译。作为一种特别的美学价值，婉转美可以调节整体氛围，缓解谈判压力，保持商务活动双方的友好交流和持续合作。由此可见，商务英语翻译引入翻译美学，从而使译文更具有婉转美，更加符合现阶段的国际商务活动情况，促进商务英语行业和领域的进一步发展。

4. 商务英语翻译具有约定美

基于翻译美学，商务英语翻译具有约定美。约定美在国际商务活动中，可以发挥巨大的积极作用，具体来看，商务英语翻译的约定美，可以避免翻译的随意不严谨现象。翻译者需要在约定俗成的翻译原则下，进行更深入的翻译工作。商务英语翻译在长时间的发展过程中，已经形成一套众所周知的表达形式。在此基础上，翻译者需要发挥约定美的精神，不仅满足国家商务活动的需求，而且体现美学知识理论的内涵。不同于其他英语翻译，商务英语翻译应该更加重视原则性，不随意更改原作者的语言表达，并且按照已有的翻译原则进行再创造。此举不仅能保证商务英语翻译的正确表达，而且能保证国际商务活动的合规进行，最大程度上避免经济纠纷和法律问题，帮助企业得到更多的合作机会，保持国际竞争力。

四、文化意象的影响

意象最初是属于文艺美学中的概念范畴，而文化意象是意象的一种类型，是和其他意象相区别而言的，文化意象大多数蕴含在谚语、古诗词等中，可以将其视为一种独特的文化现象，意象增加了商务英语翻译的难度。文化意象大多凝聚着各个民族的智慧和历史文化，其中相当一部分文化意象还与各个民族的传说有关。在各个民族漫长的历史岁月中，它们不断出现在人们的语言、文艺作品中，慢慢地形成一种文化符号，具有了相对固定的、独特的文化含义，有的还带有丰富的、意义深远的联想。不同民族由于生存环境、文化传说、历史传统、价值取向不同，文化意象也会不同。

（一）商务英语翻译中的文化意象形式

文化意象的形式和分类众说纷纭，按照商务英语翻译特征，将文化意象分为风俗意象、文字意象和思维意象。

1. 风俗意象

风俗意象，指的是每一个国家特有的一些风俗习惯，作为国家文化体系中的重要组成部分，对各个国家风俗意象的重视程度，直接关系到商务英语翻译的有效性。中国作为礼仪之邦，自古就是以独特的礼仪屹立于世界文化之中，例如，在中国古代对方的儿子称为"令郎"，别人对自己的赏识爱护称"垂爱"，等等。作为一种礼貌性的用语，如果这些词语出现在商务交流中，则需要译员对独特的风俗文化有所了解和掌握，通过通俗易懂的翻译方法，将这些内容进行翻译。当然，对于其他国家的风俗意象内容，都需要具备极强的敏感性，确保内容在翻译的过程中得到很好的诠释。

2. 文字意象

文字是一个国家文化体系中不可或缺的组成部分，既是民族文化的精华，也是推动民族文化发展的不可或缺的部分。中国有着五千年的发展历史，中国文字博大精深，但对于汉字的英语翻译，通常只有一种形式。如中国所有的公司都可以用英语翻译为company，但在西方的英语国家中，并不是所有的公司都用

company表示，不同行业或者是不同类型的公司，翻译过程中都有差异，如电子企业就是Electronics。随着我国对外交流程度的加深，一些跨国企业的发展，需要重视企业名称在英文表达上的差异。对于商务英语翻译者来说，更需要把握好文字意象，关注不同国家文化意象层面的差异，才能够确保商务英语翻译的准确性。

3. 思维意象

由于文化背景的不同，中西方在思维意象层面有着较大的差异，这是在开展商务英语翻译过程中要关注的主要问题。当前，很多商务英语翻译人员都出现了对文化理解不充分而造成的问题，如何突破固定的思维限制非常重要。如中国受到传统儒家思想的影响，思维方式上更注重含蓄和模糊，偏重旁敲侧击，想要从另一个角度来解决问题。在遇到冲突之后，通常会避免正面的矛盾激化。所以，在针对商务英语开展翻译的过程中，思维意象要彻底打破，运用多元的翻译方法，确保商务活动的内容可以第一时间得到传递，准确地表达自我的立场，是每一个翻译人员都需要具备的基础能力。

（二）商务英语翻译文化意象处理

在商务英语翻译过程中，译者要采取措施处理好文化意象，保证商务英语翻译的准确性，以便于双边国际贸易的顺利开展。释意理论为此提供了理论依据和可行性。

释意理论指出翻译即释意，这个过程的实现不是静态的语言转换，而是动态的过程，理解原文，剥离源语的语言外壳和重构译语构成了释意理论三角模型（图3-1-1）。

图3-1-1 塞莱斯科维奇的释意理论

如图3-1-1所示，理解源语是实现商务英语翻译的第一步。要达到这个目标，除了较好的语言功底，还要有较高的认知语境能力。在跨文化语境下忽视原文语境会造成语用失误。如西方人好面子，打包食物会说给家里的狗吃，而不好意思直接表达，如果译员不具备以上文化背景知识，会对外商所提出的"doggy bag"

（打包袋）造成误译。第二个步骤，剥离源语语言外壳，要求译者不再纠结语言符号和结构，而是在记忆所要表达的真正的思想，也有学者称之为内容记忆法，不是传统意义上的文字记忆法。这是一种脱离传统语言形态的高端翻译形式，尤其是针对不同的文字文化意象。

例如"The project is very ambitious.", "ambitious"通常翻译成"野心勃勃"的意思，但在该语境中，外商所要传达的意思是"该项目很有前景。"剥离源语语言外壳是释意翻译理论三角中较重要的环节。重构译语是指在前面两个阶段的基础上，译者对翻译材料进行重新加工润色的过程。即在精确和全面把握源语内容基础上，用目的语的语言形式进行表述。在这个阶段，译者也要注意容易造成冲突的文化意象，如中国人在称呼年长者时一般会加"老"字，譬如"老刘"，但在西方文化"old"是比较忌讳的词语，在这种情况下，需进行译语重构，可以用"honorable"来代替。

第二节 商务合同翻译探究

随着经济全球化的逐步加深，国际级的贸易往来更加频繁，国际商务合同也有更多的使用空间。对外贸易过程中，合同的签订则是保证贸易顺利进行的最稳妥方式。当事人双方可使用英语商务合同来规约双方的贸易行为。在英语商务合同使用频率越来越高、应用范围越来越广的同时，英语商务合同在翻译的过程中仍存在诸多问题，这就要求翻译者在翻译时要准确严谨地把握商务合同的语言特点，掌握英语商务合同的翻译策略，使贸易的双方理解突破文化差异，缩小文化差距，相互理解，达到互利共赢。

一、商务合同及其文体特征

（一）合同的概述

商务合同这一概念本身以"合同"为基础而形成，而合同则是一项由当事人设立、变更或者终止民事关系的协议，商务合同在此基础上突出了商业交易的目的，因此专业性更强，文体也更正式，一般都有固定格式文本，且文本结构严密完整、文本语言严谨专业。

按照商务合同的定义，商务合同具有法律属性，其一，它属于一种民事法律行为；其二，它是平等主体意思表示一致的法律行为；其三，此类法律行为以设立、变更或者终止商务行为权利义务关系为目标。

（二）商务合同文本特征

1. 词汇特征

商务合同具有突出的词汇文本特征。在现代英语视域之下，代词是比较关键的组成部分，特别是对于非英语语言使用者来讲，应当重点学习这方面的知识，在一些英语文章中，可以利用代词防止文章用词的重复和累赘，同时能够让文本在结构上关联性更加突出。然而英语中应用代词的情况却并不多见，它较强的规范性，以及防止歧义的基本要求，使得代词较少使用，也并不刻意规避重复同样词汇的做法，这种做法确保了英语的准确度，让表达方式看起来比较复杂。商务合同的翻译和使用中，用词同样具有严谨和客观的特点，而为使商务合同的特征表现得更明显，可以在不影响意思表达时，出现一些规范的代替词汇。

商务合同有外来词专业术语使用习惯，商务合同在专业术语方面的使用非常广泛，甚至会有一些拉丁语、法语古语词，用于体现内容的准确性和专业性，事实证明，这些词汇在其他地方出现的频率远不如在商务合同里使用的频率高，较多拉丁文、法语古语词的出现，让词语表达彰显了专业化特征。

众所周知，商务合同是分析讨论当事人权利、义务标准化利益分配的合同，因此理所当然的要求就是语言的严谨准备，内容的规范完善。首先，商务合同中的词汇专业性很强，官方术语、古语词的使用较为频繁，故而起草商务合同时，要对这些词汇做出明确指定，使之在不同语言间有对应的关系，举例来讲：claims 索赔，factoring 保理，force manure 不可抗力，endorsement 背书，right of recourse 追索权，等等。

其次，在商务合同中，使用缩略语也是一种比较普遍的词汇现象，缩略词是派生词的一种，其作用在于简化与缩略词语，当分析标准商务合同时，可了解商务合同中涉及三种缩略语类型，其一是逗号隔开，其二是直接缩略，其三是斜线标记，直接缩略语的形式最为普遍，多个词首字母组合的形式取代多个词汇，如以 VAT 取代 Value Added Tax（增值税），以 CFR 取代 Cost and Freight（成本加运费），以 CIF 取代 Cost, Insurance and Freight（成本加保险费加运费），以 CPT 取代 Carriage Paid To（运费至付），等等，都是比较普遍的做法。最后，直接与法律相关的词汇也会在商务合同中表现出来，比如 filing of a lawsuit（起诉），lifting（解除）等词汇的法律色彩非常显著。

再者，关于词性选择，动词及名词的比例远远超出其他词性。考虑商务合同天然具有的严密性及严肃性要求，所以不同种类的、内容丰富的、具有明确表达式的名词显然更受青睐，尤其是名词短语能够缩短句子长度，增加合同文本表达有效性。由于动词数量较多，因此拟定、翻译、使用合同时，要注意动词的名词化处理，从而体现出英语在用词方面的特点，举例来讲，实践中往往更倾向于在商务合同中使用 Delivery of the goods 这种表达方法，而非 Deliver the goods 的表达方式，将二者进行对比，可以发现前者属于名词短语，后者属于动词短语，前者能够避免对于时态和情感的过分追求，使句子显得更加正式。另外，关于动词选择的问题，在法律语境之中，为使商务合同更具正式性，复杂动词的应用比例较高，比如当需要表达支付一词时，商务合同中会使用 make payment，而非使用简单的 pay。

2. 句法特征

（1）长句与短句的区别与使用

合同使用短句的情况较少，大多数情况下通过介词、定语、从句等方式，把句子组成完整的长句，使文章看起来更加连贯、通顺和流利，减少不必要的拖沓，可以防止句子中出现有歧义的词汇或者句子。因此，在使用的过程中，长句要比短句的表达更有优势。

例：The force majeure here refers to the delay or failure of delivery due to force majeure occurring in the process of manufacture, loading and unloading or transportation of the seller, and the seller may be exempted from liability. The seller shall provide the buyer with documents proving the occurrence of force majeure by air mail within 14 days after the occurrence of force majeure.

译文：此处所称不可抗力是指，卖方在制造、装卸或运输过程中，因不可抗力而导致交货延误或不能交货，卖方可免除责任。卖方应在不可抗力发生后14天内，以航空邮件的方式向买方提供不可抗力发生的证明文件。

（2）句型和语法的表达和使用

因为合同相对于传统的表达来说更加严谨、严肃，所以商务英语在翻译的过程中大多采用陈述的手法，一般情况下比较注重专业性，避免有损害合同严肃性和严格性的表达方式。

例：The buyer agrees to purchase and the selling party approves of selling the following goods on the following terms and commodities.

译文：买卖合同双方同意按下列条款和商品购买和销售下列货物。

这个句子中，在普通句子的表达中，增加了文章的专业性，但是又没有采用相对花哨的表达，使句子的表达平淡又严肃。

（3）英语语法中语态使用

因为合同不同于一般的文件，而是具有法律效力的文件，因此合同中存在和包含的权利和义务性表达较多。因此，在语态的选择上，需要注意的问题更多。礼貌原则（Politeness Principle）是遣词排句中十分重要的一个原则。在商务英语合同的翻译过程中出于礼貌一般不使用被动语态，大多采用主动语态。以主人公的身份，带入合同，设身处地考虑当事人或者合同签订双方的处境。在英语信函中，为了避免强硬的态度，使后面的信函显得委婉礼貌，经常使用带有宾语从句的陈述句来代替祈使句。

（4）多用被动句

被动句主要突出动作承受者或对特定事件做出客观描述、规定，不掺杂个人感情。商务合同措辞严谨、庄重，表达客观公正，规定缔约双方权利和义务，各项事务在合同中各种条款都应当有明确的规定。因此，英文商务合同中多用被动句，这样可以更好地体现合同文本的严谨客观。

（5）多用条件句

作为法律文件，合同条款中必须考虑各种情况并做出约定，这样才能使缔约双方权责明确，避免利益的损失及法律纠纷。因此，商务合同中存在大量条件句，通常由"if"引导，约定缔约双方的权利、义务和责任，也会列出一些少见但可能出现的情形，提出特定情形一旦发生时双方该如何处理，体现了合同文本严谨的特点。

二、商务合同的翻译原则

（一）目的性原则

在经济全球化和一体化的影响下，商务合同在进行翻译工作期间需要遵循目的性的原则。翻译人员需要明确商务合同文本的含义以及合同各方的责任、义务等。因此，在对商务合同进行翻译期间，翻译人员可以采用祈使句的形式，在翻译中应当把握文本的重点，强调文本的价值取向，做到简洁明了地突出文本的重点，以此来做到目的性的翻译。

（二）连贯性原则

翻译人员在对商务合同进行翻译时，还应当做到翻译的连贯性，以此来提高翻译内容的可读性和流畅性。针对这种情况，翻译人员需要根据该文本的核心和价值取向准确地翻译出文本中所提到的词语，即可能造成无法正确交货的情况以及卖方的权利义务。

（三）忠实性原则

翻译人员还应当在商务合同翻译中遵循忠实性的翻译原则，需要准确、清晰地表达合同中各个条款的本质和价值取向，确保商务合同翻译工作的专业严谨性。国际商务合同大多涉及两个以上的国家、地区经济贸易交往，因此商务合同中的金额相对较大，这就需要明确合同各方的责任、权利和义务。在这种情况下，就需要翻译人员忠于合同的原文来进行翻译，准确地表达国际商务合同中所提到的专业术语，同时还需要做到翻译结构严谨、前后连贯，确保翻译的内容能够做到与合同原文的本质相同，这样才有利于合同各方准确地了解合同条款的内容，并在经济贸易交往中真正落实合同内容。

（四）具体性原则

具体性原则就是翻译时要译清合同涉及的各方、事件、各方权利和义务，使合同清晰明了。尤其是合同中提到的合同双方履行义务、享受权利等的时间、方式、条件等，为避免不必要的误解，英译时要尽可能地具体。例如：一周以内 in one week or less，一月上旬 within the first ten days of January，三月十日前 on and before March 10。

三、商务合同翻译的常见问题

（一）表达习惯的不同引起理解误差

汉英两种语言的表达习惯存在极大差异，使得翻译可能出现歧义。汉语中多使用主动式，英语则相反。如合同中常用的 provided that，意为"在……的前提下"，译者可能误认为 provided 之前省略了某个主语。英语也常用不同单词表达产品质量或程度，汉语则习惯用更凝练的词汇。如"Ferrum"是"铁"的化学符号全称，在英语中可以指铁或钢。如果其在合同中出现，就应该弄清其含义与"iron"和"steel"中的哪一个更相近。

（二）复杂语法结构下传递信息的偏差

既然中英两种语言的表达方式差距如此之大，则在长难句的汉英翻译中，难度也相应增大。英语中多用名词形容事物的特征，汉语则多用形容词。比如"cotton of high quality"，汉语则更多采用形容词，表达为"（这批）棉花质量上乘"。在语法结构更复杂的情况下，它们可能隐含较深或产生歧义，处理难度有所加大。

此外，在合同内容中，为求方便，英文常用长难句概括多个条款，译者如果没有充分的译前处理，并利用翻译软件汇入结果形成永久记忆，就往往需要花费更大的精力以求得准确度，并且可能在之后出现重复劳动，造成不必要的损失。

（三）译者素质及对国际贸易术语的理解不足

当今时代，对国际商务合同的质量要求大大提升，译者要将翻译与翻译软件的便利性相结合。而经验多在国际贸易的实战中积累起来，如果缺乏相关经验，就可能对某些约定俗成的表达方式理解不足。此外，《国际贸易术语解释通则》是专门用于解释国际贸易术语的国际规则，通常每十年进行一次大规模的修改，给出不同阐释。例如，"托运人"一词可翻译为"shipper"或"consignor"，在中文里既表示将货物交付运输的人，又表示与承运人订立合同的人。面对这些问题，如果未通过查证将翻译软件灵活运用到翻译过程中，也会产生诸多的问题。

（四）译者翻译的目的不明确

译者出现上述问题的根本原因，还是没有明确翻译目的。很多译者潜意识里仍然要一字不差地译出原文内容，然而国际商务合同翻译的根本目的就在于，在不违背贸易规则和法律的情况下，实现己方的利益最大化。国际商务合同具有很多特殊之处，使翻译的难度增大。此外，当今时代的软件翻译已经日臻成熟，如果单纯按照表面意思来翻译，也很可能无法创作出更好的翻译作品。同样，在将己方合同翻译给对方的过程中，如果未明确己方合同的目的，也就难以真正地解决问题。

四、商务合同中的语法隐喻

语法隐喻概念是英语言学家韩礼德（M.A.K.Halliday）在他的《功能语法导论》中首次提出的，他认为的语法隐喻在词汇语法层面上至少存在一种一致性，在某些方面还存在一些转移或隐喻表现，主要分为概念隐喻和人际隐喻。韩礼德表示，"隐喻现象常常在语法层面发生，而不仅仅是发生在词汇表面"，用不同的表现形式来形容客观世界中的同一现象或者事物是语法层面的隐喻经常会用到的表现手法。

商务合同文本既具有法律英语的特色又具有商务英语的特征，是一种特殊的应用文体。由于法律语言的特色具有凝练性和严谨性，因此国际商务英语合同是具有约束性的法律文本。由于国际贸易合同是具有法律性质的客观文件，因此在对其进行翻译的时候要格外注意语气的客观和公正，这就要求翻译工作者在进行翻译过程中可以熟练运用语法。隐喻应用于商务合同英语的语法隐喻形式主要包括被动语态、情态动词和名词化结构。它的遣词造句方法具有语言完整性、具体性、明确性、准确性和简洁性五个基本特点，因此语法隐喻可以将商务合同更加严谨、简洁地表现出来。

（一）被动语态在商务合同中的应用

作为英语语言学习者，我们深知被动语态的使用领域之广和使用频率之高，特别是在科技文体、商业性文体以及法律文体当中。由于商务合同是具有专业意义的特殊文件，因此我们在合同的文字描述上要求它必须是客观、严谨的，所以在英文的商务合同中常常采用被动句形式，能更好地体现商务合同的严谨性。

在商务合同中，为了使论述变得更平实、客观，商务合同中的英语要求突出动作的施动者，将重点放在强调客观事实上，尽量减少个人情感和色彩，所以被动语态经常使用 by 来引出行为施动者。使用被动句的形式，能够明确地指出施动者和受动者，可以把语意表述得非常清晰，以进一步明确事实、责任和义务，使句子变得更加正式、客观、严肃。这种类型句子的结构是：受动者 +be+ 过去分词 +by+ 施动者。

为了保证合同的严谨性，在翻译这样有点复杂的长难句时，必须先弄清楚原句在结构上的主次关系，之后才能准确翻译它们的意思。在为了确保合同表意准确的情况下，采取同义词叠用并不重复或多余，而是达到合同表意准确的目的。

（二）情态动词在商务合同中的应用

情态动词在贸易合同中的正确使用可以更好地表达双方融洽的态度，准确地获取双方的信息从而使双方的谈判更好地进行。合同的主体由义务和权利详细约定而成，如果在上述所说前提下选用的情态动词不合适的话，那么法律纠纷的情况就很容易被引发，所以更要了解情态动词在国际贸易合同中的应用。

1.shall

shall 是在国际贸易合同中出现频率最高的一个词，也是语气最重的一个词。它和 should 作为在英语合同中频繁出现的两个情态动词，分别代表了不同的含义。

例1：Party A shall not supply the contracted commodity to any other buyers in the above territory.

译文：甲方不得向经销地区其他买主供应本协议所规定的商品，如有询价，当转给乙方洽办。

例1中的 shall not 即为"不应该"的意思。虽然上述中提到 shall 和 should 在国际贸易合同中出现的频率很高，且大部分情况下都会翻译为"应该"，但要注意的是有些时候，shall 不能随便用 should 代替。

2.should

虽然 should 也表示了"应该"的意思，但 should 和 shall 的不同之处在于，should 并不表示法律上的规定性义务，它只能表示一般情况下的正常义务，有时也可以把它理解为"原本"或者"最好这样"的含义。所以当 should 出现在合同中的时候，它经常会被放在句子的开头，用来表示一个隐含的条件状语，类似于由 if 或者是 in case of 引导的状语从句，这种情况下我们把它翻译为"如果""万一"，而不能再死板地翻译为"应该"。

例2：Should the verification conclusion contradict the conditions of an action target stated in an auction contract, the auctioneer has the right to demand a change or rescind the contract.

译文：如果鉴定结论与拍卖合同约定的行为标的情况是相抵触的，拍卖人有权要求变更或者解除合同。

3.may

在国际贸易合同中有时也会用到 may 和 must，它们的使用也有一定的特殊意义。may 用于明确约定一个合同当事人的法律义务和其他权利。

例3：Either party may immediately terminate this agreement in the event of a breach by either party.

译文：如果合同的一方违反规定，任何一方均可立即终止本协议。

例3中的 may，则表示了双方在合约中的权利（right）、权限（power）或特权（privilege）等场合，均可用 may 一词。除此之外，它的否定形式 may not 用来表示禁止性义务，意思是说话人不能做什么，但语气没有 shall not 那么肯定和强制。

（三）名词化结构

通过名词化语法隐喻，原本表现动态过程的动词和具有描述意义的形容词转化为名词后，就显得更为抽象化和概念化，从而使得语篇变得正式和书面化。

1. 名物化隐喻使合同语体更加正式

合同语篇作为传递契约精神、法律信息的媒介，文体正式性的要求也越高。

例4：Unless the seller offers replacement goods or repairs within 5 days after receipt of such notice.

译文：除非卖方在收到通知后5天内提供更换货物或维修。

在例4中，除去多余的介词和连接词，具有实意的词汇共有12个，而在这12个实意词汇里面，offer、replacement、repair、receipt、notice都是经过"物化"后的名物化词汇。由此可以得知，名物化结构在国际贸易合同中的应用频率之高。但如果这些名物化词汇省去了"物化"的过程，那么行为过程和时间都有可能是合同签订双方产生争议的内容，所以采用名物化隐喻的国际贸易合同可以使语体更加正式、减少分歧。

2. 名物化隐喻使合同语体更加客观

在国际贸易合同中高频使用名物化词汇，不仅可以用简明精炼的词汇来表达更多内容，还可以使合同语体从一定程度上摆脱我们用口语描述出来的一种动态的、主观的世界，满足合同语篇客观性的硬性要求。

例5：Seller's liability for damages resulting from the nonconformity of the goods...

译文：卖方对因货物不符规格而引发的损害赔偿责任为……

从例5中可以得出，这个句子当中的主体是义务（liability）而不是开头的人（seller），seller's只是liability的指称词，用来特别说明liability的占有和归属是在seller上，但是它在这个句子中并不承担任何责任，真正带有主体责任的实际上是liability。将liability名物化可以更加凸显它的客观特征，给阅读者一种使用语言非常正式和客观的感觉。

五、商务合同翻译的规范性

商务合同所涉及的专业内容较多，因此翻译人员需要掌握专业术语，以表达商务合同中的专业知识，提高翻译的严谨性和规范性。

（一）关于语言的要求

1. 用词的准确性

商务合同也是术语法律文件的范畴，因此翻译人员可以从法律翻译的角度展开工作，翻译人员需要准确地翻译出商务合同中的内容，真正地做到忠于原文。在对商务合同进行翻译期间，需要确保其译文与合同原文能做到语言、结构上是相同的。翻译人员需要在不改变合同原文内容和机构的基础上使用简单明了的语言进行翻译，如果翻译人员随意地更改合同原文的内容，那么可能会导致合同各方无法明确相应的权利义务和责任，从而产生争议。

2. 语法结构的正确性

商务合同中都会使用严谨的语法结构，这就会导致原文的语言表达和关系较为复杂。在这种情况下，翻译人员需要对商务合同中语法结构和语言关系等进行分析研究，明确各个句子之间的联系，从而尽可能地避免在翻译过程中出现错误。

3. 篇幅、章节的严谨性

商务合同在语言结构的布局中具有格式化的特点。那么，翻译人员在对商务合同进行翻译期间就可以参考汉语中的格式化的语言和句式，以此来加强国际商务合同在篇幅以及章节方面的严谨程度。

4. 翻译的灵活性

每一个国家都有属于自己的文化，因此国家之间是存在文化差异的，这也在一定程度上增加了商务合同翻译的难度。在商务合同翻译期间，翻译人员如果未将两国国家的文化进行有效的对等，就需要做到等值化的翻译。针对这种情况，就需要国际商务翻译人员尽可能将译文的内容与原文内容对等。翻译人员应当在工作中不断地发现各个国家之间在文化方面的契合点，并加强翻译期间的灵活性。如果在国际商务合同翻译中出现文化不对等的情况，那么就需要翻译人员结合现有的条件进行克服，尽可能地保障翻译的内容能够无限地接近于合同原文的内容。

（二）关于专业的要求

商务合同中会使用许多的专业术语、概念等，因此这也就对翻译人员的语言应用能力和知识储备情况提出了更高的要求。在进行商务合同的翻译期间，翻译人员应当理解合同原文的含义，并对合同原文的内容进行分析，在保证习惯用语的基础上准确地表达合同原文的内容。例如，"tolerance"的常见汉语释义为"容忍"，在商务合同中则被译为"公差"；"indemnity"的常见释义为"保障"，而在商务合同中多用于表示"赔偿"。商务合同翻译和普通翻译之间的区别在于商务合同的翻译会使用许多专业词汇，且会涉及许多文化领域。因此，这就要求国际商务个体的翻译人员在掌握翻译和语言基础知识的基础上，还应当明确商务英语的特色，在工作中不断地总结常用的专业术语，尽可能地将专业术语以简单明了的方式进行翻译。除此之外，翻译人员还应当加强对于"一带一路"倡议的了解，明确各个国家和地区的经济发展趋势以及动态的商务贸易，以此来进一步提升国际商务合同翻译的准确度。

（三）关于风格的要求

商务合同在语言的使用方面具有实用性的特点，并且具有相应的风格。例如，在国际商务合同中经常会使用到一些虚词，如"hereinafter referred to as""for and on behalf of"等。那么在进行商务合同翻译工作期间，就需要把握合同原文的风格和特点，翻译人员可以使用一些正式的词汇来进行翻译。如"其他事项"可以使用"miscellaneous"；"特许权使用费"使用"royalties"；等等，这不仅可以加强译文和合同原文之间的契合度，同时也可以突出商务合同翻译的文体风格特色。

六、商务合同翻译策略

（一）采用重复策略

汉语习惯使用重复，但英语却习惯用代词替代前文提到的内容。但在商务合同这种严谨且具有法律效力的文本中，为避免代词指代不明的情况，译者在进行商务合同汉英翻译时需采用重复策略。例如：This Contract and the Appendices attached to this Contract constitute the entire agreement between Party A and Party B with respect to the subject matter of this Contract and supersede to all prior discussions, negotiations and agreement between the two parties. 例句中重复使用"contract"两次，第二次出现时并未用代词替代，避免了代词指代不明可能产生的误解。

（二）增译和语序调整

为避免合同中使用的词语不被曲解，英语商务合同喜欢叠用同义词或近义词，这样更能体现商务合同的完整性与准确性。所以在翻译中应适当增译，比如：terms and conditions 条件；null and void 无效；free and clear of 无；able and willing 能够并愿意。一般性文本中，为使语言简洁明了，极少采用增译同义词或近义词的翻译方式，商务合同则是例外。

英语与汉语的语序有很大不同，如英语习惯把时间、地点等状语放在句尾，而汉语则习惯放在句首。遇到类似语序不同的句子时，英译就需要调整语序。

（三）注重思维的逻辑性

正式英语中的从句层次结构复杂，句子长度一般大于非正式英语。而长难句、分词等结构会被频繁地使用，来满足表达复杂逻辑关系的需求，这也是书面语体区别于口头语体的典型特征。因此在翻译中需要厘清合同内容背后的逻辑，进行极其精准的表达。

（四）表达简单清楚，慎用生僻词

也正是因为商务英语作为商务活动交流的重要工具，所以更加强调简洁易懂以及正式词汇的规范使用。这是由国际商务交际活动非常讲究效率和准确性导致的，使用准确规范的词汇更加便于交易各方的理解和接受。相比之下，偏僻的词汇会造成沟通成本和理解上的障碍，所以在了解口语词汇和书卷语在文体风格上的差异既有助于翻译者对复杂的合同准确、流畅翻译，又避免了对生僻词造成误解，从而使贸易各方在商务交往中更加得体。

第三节 商务英语语言与翻译的价值

一、商务英语语言与翻译的应用现状

（一）全球贸易广泛使用

在全球经济增长背景下，商务英语已经成为国际上应用最广泛的交际工具。商务英语是使用最多和最标准的国际通用商务交际语言。当前，商务英语统一性越来越高，应用范围越来越广，但是，商务英语还不能完全适应日益多样化的商务贸易形式需要，尤其不能有效应对参与贸易交际双方文化背景的差异，这使得商务交易的过程中容易出现语言误解的情况，给商务交易造成极大的困扰。商务英语的内涵与外延在新时代也出现较大变化。

（二）应用中存在的问题

1. 文化背景的问题

由于各国的经济文化水平与背景不同，日常生活的习俗也大相径庭，在国际贸易过程中，翻译者对商务英语的翻译通常会联系各国的文化背景。此时如果两国的文化背景相差天壤之别，而译者缺少一定的相关知识储备，那么将会导致信息沟通的中断，严重的还会导致两国国际贸易以失败告终。

2. 表达习惯的问题

不同的商务英语翻译者，在表达与翻译商务英语时，会因为表达习惯的差异而造成语境的差别。退一步来说，就算翻译者能够正确地理解对方商务英语的含义，再将其表达给跨国公司的高管之时，也会倾向于自己语言习惯的方式来表达对方商务英语的含义。

3. 信息中断的问题

虽然商务英语在国际贸易发展中，对两国的经济贸易起着举足轻重的桥梁作用，然而，其中最关键的仍旧是翻译信息的传递问题，如果两方的翻译者难以将商务英语所表达的正确信息传递给自己的公司，或者事先就没有商量，便将信息上交至高层。最终的结果可想而知，由于信息的中断、高层的不知情将会导致国际贸易交易的拖延，甚至是失败。

（三）解决问题的方案

1. 设置专注于文化交流的团队

商务英语的翻译不仅仅是国际贸易当中的合作信息的翻译，往往还包括国家居民的文化背景，例如吃、穿、住、行、游、购、娱等，涉及交易国日常生活的点点滴滴，这就要求翻译者能够了解交易国的文化背景、日常习俗等。如果不能透彻理解商务英语交流的文件、合同等相关资料的原文及其语言的文化背景，就应该立即向公司的文化交流团队请教，在理解交易国文化背景的情况下，再对商务英语的相关资料进行翻译、整合，最终提交给公司的管理部门审阅，真实有效地反映给决策者，才能保证国际贸易的执行进度。

2. 规范公司商务英语人才的表达方式

虽然在教授商务英语的课程当中，所使用的都是统一的翻译方法步骤词汇，但在实际的操作过程中，如果要准确无误地传达翻译的内容，还要求翻译者有足够的文化语言基础、逻辑思维能力等，这样才能够将信息准确无误地翻译出来。因此应该规范跨国公司商务英语人才的表达方式，使其趋于一致，在与交易国完成交易的过程当中,才能保证管理人员顺利地接收商务英语人才所翻译的文字内容。如果商务英语的人才翻译的方式不符合管理人员的表达习惯,将会导致决策人员的误解,从而导致国际贸易的中断。

3.注重两国翻译者的信息交流

作为国际贸易跨国公司之间信息交流的桥梁,两国商务英语翻译者应确保及时的沟通,只有这样才能最大可能性地降低翻译时所犯的错误,确保后期国际贸易的顺利开展。两国翻译者的信息交流是发挥商务英语在国际贸易中重要性的关键一步,只有切实保障这一步的存在,才能够优化国际贸易信息交流的环节,确保国际贸易顺利进行。对于不同语系的语言,很考验翻译者对两国文化的理解程度,如果两国的翻译者能够在两国交易之前就进行信息沟通交流,将会减少很多信息传递失误所造成的困扰,确保两国国际贸易的利益获得,又不会损伤两国在国际贸易市场上的竞争力。

二、商务英语语言与翻译对国际贸易的影响

商务英语是一种能够服务于商务贸易的英语类型,将商务与英语进行有机结合,应用于国际商务活动来实现既定商业目的的一种实用性语言,是全球经济发展的衍生品。商务英语的应用范畴广泛,涉及银行业、海关进出口、物流管理等领域,语言所需专业性要求较强,需要使用精准的专业性词汇来保证整个交易活动的顺利开展,且含有大量的缩略词,简洁明了、平实客观,能够方便大众理解。商务英语涵盖的内容也在不断增加,内含商务贸易专业需要的知识、商务过程需要应用到的语言、商贸交际能力,通过不断精简和整合,将商务专业与英语语言进行融合,使其在实际使用过程中更加灵活明了,注重贸易场合的口语化语境表达。

国际贸易是指不同国家地区间进行商品劳务上的交易活动,通过进出口贸易上的来往,促进国际经济的互通发展。因国际贸易相比国内贸易交易过程更加复杂,涉及的交易条件和问题也更错综复杂,为了加强对国际贸易中各方面因素的有效捕捉,商务英语可以辅助这一切的有序开展,提高贸易交接过程的准确性,加强各国经济上的联系,逐步提高我国在世界经济贸易体系中的地位。

(一)获取贸易信息,促进贸易合作

在整个商业贸易过程中,商务英语可以在一定程度上拓宽企业的合作范围,获取更加全面、科学的商务信息,这种快捷的信息交流方式还可以让企业节省大

量的筛选成本，在尽可能短的时间内选择符合自己需求的公司进行贸易往来。当确定合作关系后，商务英语可以帮助双方在合作的具体事务中发挥重要作用，有效的交流谈判可以尽量减少不必要的信息干扰，抓得住重点和主要矛盾。在整个商业贸易活动中，灵活合理地利用商务英语这门技术性语言，可以有效提高整个商务谈判过程的主动性，及时抓住重要的企业合作信息，并能迅速判断出合适的合作伙伴，赢得交易市场，给企业节省市场竞争中需要花费的成本，提高贸易生产活动的效率。商务英语以快速精准的信息传播特点，顺利辅助合作双方业务的交换与合作，对整个商业贸易活动起着重要的联结作用。

（二）塑造良好的商务形象

良好的形象是商业合作成功的前提条件。在国际贸易过程中，商务工作人员自身的科学文化水平和谈吐素质一直是企业合作中的隐形"润滑剂"，对外贸易来往的工作人员因自身具备较高的技术水平，利用商务英语这一技能可以有效放大这些特点，吸引合作方的关注，并在流畅的沟通中取得贸易伙伴的信任，给整个贸易活动带来巨大帮助。此外，工作人员利用具有一定谈判技巧的商务英语可以为企业提供更多的合作机会，拉近彼此之间的距离，在没有语言阻碍的情况下，为双方提供一个公平的交涉环境，使得整个贸易过程充满融洽的交流氛围，提高国际贸易的成功率。

（三）提高国际贸易谈判效率

国际经济贸易的合作离不开跨国公司双方人员的谈判，通过双方人员不断协商让步，才能够最终促进国际贸易交易的顺利开展。在国际贸易谈判过程当中，涉及双方利益的需求，这就要求国际贸易谈判效率不能过低。两国的经济谈判直接影响后期是否能够正常地进行国际贸易的往来，商务英语是其中无可替代的关键要素，其简洁明了的特点、世界通用的词语有利于确保双方能够准确高效地理解谈判的信息，从而促进国际经济贸易的交流和谈判效率的提高。

（四）增强国际贸易量

就当前而言，国际贸易的发展已经渗透到各个领域、各个层次，在经济全球化的浪潮推动下，国际贸易企业的发展离不开广告的影响力促进。而增强国际贸易企业的广告力，离不开商务英语的沟通与交流。简单来说，如果能够提高自己商务英语的认知水平，那么将明显促进国际贸易量的提升，确保公司的国际贸易利益。也只有正确地理解商务英语所传达的商品信息，才能够最大程度上地向外界宣传产品的内容与特色，确保在宣传环节不会对企业产生消极的影响，而这些都离不开商务英语的策划，商务英语直接影响跨国企业国际贸易量的大小。因此，应格外注重商务英语对国际贸易企业的广告影响力，切实地促进商务英语对国际贸易交流沟通的顺利完成。

（五）保证翻译信息的准确性

跨国公司与企业交往日益密切，也意味着商务英语在实际的应用中作用越来越大，这也就意味着保证国际贸易过程中商务英语信息翻译的准确性，可以增强跨国公司的企业竞争力，树立跨国公司在他国公司的影响力。保证国际贸易进程中翻译信息的准确性，离不开翻译人员口头翻译与书面性翻译的严谨与认真。在翻译时，翻译人员不仅要考虑两国文化背景的差异，也要与他国的翻译者进行切实的沟通与交流，在提交给决策人员的报告当中，也要保证信息传达的准确性。不仅要进行有效、有针对性的翻译，还要重视用词的准确性，而且不能遗漏商务贸易信息的任何条例。只有翻译人员秉持着严谨缜密的态度，才能确保国际贸易信息的准确性，发挥商务英语对国际贸易的作用。

（六）扩宽企业宣传方式

任何企业都需要通过广告宣传的方式为自己塑造企业形象来提高企业的知名度和商业地位，这是一种经营策略，能够帮助企业赢得更多的合作机会。而商务英语可以从另一个方面反映出企业内部的文化构成和合作面向，将商务英语投放到企业的广告宣传中，能够有效提高公司的影响力，促进公司融入更多的国际化元素，让越来越多的消费者认识到公司的发展目标和经营范围，使国外消费者也能从中直接获取想要了解的企业信息，为企业赢得更多的人才，同时在这个过程中扩大自身的市场范围，从而在一定程度上提高企业的经济效益。

（七）开展经济贸易合作活动

处在经济全球化时代的任何企业都不可能脱离宏大的市场经济体制而独自运行，都需要在竞争中不断加强与其他企业的商贸合作，以此达到共赢。国家与国家之间虽然存在着复杂的贸易关系，但不可否认，在一层又一层的关系中，企业可以拥有各种各样的机会来促进自身的发展，而商务英语可以在其中起到调节沟通作用，帮助不同国家之间建立沟通理解的桥梁，最终达成商业上的友好合作。

(八)提高相关工作人员的生存空间

当今社会,专业化人才已经不再是社会竞争的重要优势,取而代之的是具有更加完备专业知识的复合型人才,而语言能力是多数复合型人才需要具备的专业技能,对他们个人的生存发展发挥着重要的价值。商务英语在经济全球化趋势中越来越重要,很多企业都需要大量的相关人才入驻公司为其产生商业价值,无形中为从事商务英语的工作人员提供了可选择的职位,但国内跨国公司内部拥有来自不同国家的工作人员,在交流中难免会出现沟通不畅的情况,为了应对这种现象,现如今很多跨国公司都将商务英语作为考核职工入职的重要标准,以有效保证公司内部员工之间的合作交流,提高公司的运作效率。

三、商务英语语言与翻译在实践中的价值体现

(一)商务英语在贸易谈判中的价值

商务英语在国际贸易谈判中扮演着重要角色。国际贸易的开展均以贸易合同为依据,而贸易合同的订立往往需要经过漫长的谈判过程。在国际贸易往来中,谈判是必不可少的一项内容。首先,企业发展离不开商务谈判活动,需要运用商务英语在国际市场寻找商务合作的对象。商务英语可以在磋商中使国际贸易双方找到平衡点,有助于围绕着商业目标为自己谋取发展的利益,争取利益的最大化,通过商务英语清除国际贸易双方的矛盾和冲突。其次,只有熟悉商务英语的谈判技巧与方法,才能在商务沟通中得心应手,为自己争取各方面的利益。第三,商务谈判的结果也需要用英语的形式确定下来,只有保证英语谈判用词的严谨性,谈判过程口语表达的准确性,才能为商务矛盾纠纷的处置提供必要的证据。谈判双方谁更能熟练应用商务英语、及时在交易中做出反应和交涉,谁就能抢占先机,在谈判中更好地应对突发状况,从而在整个贸易活动中为企业增加商贸合作优势。好的谈判可以直接促使欲求合作的企业双方结合自身利益,准确表达自己的想法与意见,最终达到各自想要的目的。

贸易谈判主要分为询盘、发盘、还盘、接受四个环节,而商务英语是交易双方进行谈判所必需的交流工具。在当代国际贸易中,贸易谈判通常以发送商务函件的形式进行。买卖双方使用商务英语表达己方的意愿,明确对方的需求,最终达成合作,签订贸易合同。准确地使用商务英语,能够有效促进双方的谈判,避免不必要的误会和纠纷,保障交易的顺利进行。

贸易谈判中的商务英语需要表达得体。用词用句不但需要满足基本的礼貌要求，还应符合国际贸易惯例。谈判中涉及的许多贸易名词都有对应的专业贸易词汇，不能随意使用近义词替代。如"装运期"通常用"time of shipment"或"shipment time"表示，而不用"time of loading"。磋商过程中不宜使用过于强硬的表达，应在友好交流的基础上进行谈判。同时，在表达时也应注意文化差异，尊重对方的语言习惯。

在正式合同中使用的语言需要准确而规范。尤其是对于数量、价格、选用的贸易术语等关键条款，必须十分精确。合同对于双方具有强制约束力，是解决纠纷时的依据，因此在签订时必须十分谨慎，每一个词句都必须表达准确，不能产生歧义。"about"等表达模糊的词语通常不会在合同中出现。另外，合同中的语言也应当简练且符合规范，避免使用过于繁杂或过于口语化的语言。合同中的条款通常使用被动语态，以示客观，对双方具有同等的约束力。

此外，在谈判中还可以使用一些语言技巧，包括问答、陈述、说服等，使我方在谈判中占据更有利的地位。对于没有完全理解的事项，应当及时向对方询问，予以确认。另一方面，也应仔细阅读对方的函件，准确理解所有内容，避免陷入可能的文字陷阱。

谈判过程中需要时刻注意交际礼仪，保持不卑不亢的态度，要表述重点，简单明了且有针对性地表达意见，同时要注意对方的情绪与语气，利用声东击西的谈判战术迂回自己真正想要表达的内容，造成一种错觉；也可利用疲劳战术，从对方的弱点入手，一步步使用重复迷惑的手段干扰对方的方向，实现自我目的，也可利用道义上的退让，以退为进，在对方毫无察觉的同时掌握控制权；最后也可采用双赢战略，利用商务英语的语言技巧和谈判智慧，在合作的基础上寻求双方利益最大化的途径，一步步实现贸易上的成功。

商务英语是国内外买卖双方交流的桥梁，在贸易谈判的各个环节均起着重要作用。近年来，商务英语的广泛使用使得我们能够和海外的贸易伙伴畅通地交流，有效推动了双方贸易谈判的进程，进而促进我国国际贸易的发展。

（二）商务英语在合同履行过程中的价值

国际贸易中，合同履行的过程即买卖双方正式交易的过程，通常包括卖方交货、承运人运输、买方收货、办理保险、货款收付等环节。每个环节的单据都是极为重要的，用以证明双方履行合同中规定义务的凭证。卖方交货时，承运人需要开具装运单，用以证明收到货物；之后承运人按照托运人要求签发提单，提单是收货人提货的物权凭证;办理保险后,需要凭借保险单理赔;在国际结算中,通常使用信用证或汇票等单据收付货款,银行根据信用证的要求进行货款偿付。在办理信用证时,也需审核提单等单据是否符合要求。此外,在办理进出口报关手续时,也涉及诸多单据。在以上合同履行的各个环节中,商务英语都起着极为重要的作用。使用商务英语正确填写单据,能够保障各类单据符合规范,能够正常流通,进而保障贸易的顺利进行。同时,单据也是交易双方权利的保证,是解决纠纷时的重要凭证,必须准确规范地填写。以提单为例,通常使用的提单都有相对固定的格式。在最为重要的"consignee"(收货人)一栏,通常填写"to order of..."(由……指定),且指定人的名称必须准确无歧义。

另外,提单上通常会注明"freight prepaid"(运费预付)或"freight to be paid"(运费到付)。如托运人提交的货物存在缺陷,承运人应在提单表明做相应批注。商务英语是国际贸易中填写各类单据通用的语言,填写单据时使用的商务英语必须准确、规范、清晰、整洁。商务英语使贸易单据在世界范围内广泛流通,促进了国际贸易的进一步发展。同时,商务英语也让各国单据拥有相同的解释,拥有国际范围的法律效力,使国际贸易更加规范、公平。

(三)商务英语在广告宣传中的价值

除了通过贸易合同进行交易,广告宣传也是国际贸易中的重要部分。随着信息技术的迅速发展,广告宣传已成为众多企业越来越重要的业务,成为企业扩大知名度,进而提高销量的重要手段。而要在国际范围内进行宣传,商务英语是必不可少的宣传工具。巧妙使用商务英语设计广告,有助于建立良好的企业形象,扩大企业知名度和影响力,加强品牌建设,最终获得长期效益。在广告宣传中,商务英语的使用不仅应准确得体,还要注重语句优美,能够博人眼球。进行宣传的目的,一方面是让大众记住品牌的名字,另一方面是让大众对品牌产生良好的印象。因此,宣传时使用的商务英语既要突出品牌特色,又要有吸引力,并且便于记忆。如飘柔洗发水的广告语"start ahead"(从头开始)便有一语双关的效果,既强调了产品的特点,又传递了积极的能量。

(四)商务英语在贸易报关中的价值

在国际贸易中,报关是指在商品进出口贸易中,涉及的有关海关和经手人需要办理的一系列手续,在办理这些手续时会涉及商务英语方面的应用,如果不具备熟练的英语技巧,很难保证商品贸易的正常开展。

(五)商务英语在贸易单证中的价值

单证是指在国际贸易中,需要使用的各种文件证书的统称,是保证国际贸易正常运行的处理环节,而商务英语可以提高单证在填写过程中的正确率,提高商业贸易的科学性。

(六)商务英语在跨文化交际中的价值

商务英语在国际贸易的各个环节都有着举足轻重的作用。一单生意,从宣传到谈判,再到最终交易完成,都需要商务英语的参与。在不同的贸易环节中,商务英语的使用有不同的注意事项,这些是所有外贸企业应当掌握的。只有准确、规范地使用商务英语,交易双方才能顺畅地交流合作,确保顺利完成交易。在经济全球化飞速发展的今天,世界逐渐连接成一个整体,各国之间的贸易往来愈发频繁。商务英语作为买卖双方的沟通工具,得到了越来越广泛的应用,有效地帮助维持贸易秩序,充分促进了国际贸易的发展。相信在不久的将来,国际贸易中的商务英语将更加规范、完善,在全球的贸易发展中发挥更大的作用。

第四章　商务英语语言与翻译教学

思维的表达离不开语言的帮助，语言作为人与人之间情感表达的工具具有重要的价值。随着世界经济、政治以及文化的共同发展，英语被广泛应用到政治交流、经济沟通与文化互动之中。在此背景下，中国各个高校建立了全新的英语语言教学体系。商务英语作为一种交流工具，可以将自身的发展与其他学科联系起来，从而为培养更加全面的、专业的应用型人才，推动国家人才储备计划的发展发挥学科作用。近几年，外语学术界对专门用途英语的研究日渐加深，这是一场针对英语教学、英语课堂、英语应用等多维的教学改革，旨在强化专业英语用途以促进经济更好发展，培养大批在某行业兼备扎实专业知识及较高专业英语表达及应用水平的高端技术技能型人才。

本章主要论述商务英语语言与翻译教学，分别从语言经济学视角下商务英语教学、多模态视域下商务英语教学、课程思政视角下的商务英语教学和产出导向法视域下商务英语教学四个维度进行深入的教学探索。

第一节　语言经济学视角下商务英语教学

语言经济学是探究经济与语言关系、语言的经济效益、价值的科学，能够充分挖掘商务英语翻译中的经济价值、经济资源，使对外贸易经济与语言翻译形成内外联系、互通有无的整体。而将语言经济学融入商务英语翻译中，可以拓展并延伸商务英语翻译的范畴，使商务英语翻译具备经济性、文化性、语言性及社会性等多重意蕴。能够更好地发挥商务英语翻译在经济产业建设与发展中的功能和作用。

商务英语翻译教学是培育翻译人才的重要路径，受到高等院校英语教学的广泛重视，亦是高校英语教学的关键组成部分。此外，在英语翻译中具有最强实用性与时效性的即是商务英语翻译，伴随全球化的不断发展，国际商务越来越重要，所以商务英语翻译具有的重要地位也日渐凸显，而怎样培育高校学生商务英语翻译能力亦渐渐变成我国广大教育工作人员关注的重点问题。

一、语言经济学理论阐释

语言经济学是经济学的重要分支,形成于二十世纪中叶。1965年,信息经济学家雅各布·马沙克(Jacob Marschak)第一次提出了语言经济学(Linguistic Economy)的概念。在马沙克的研究视角下,语言除了是人们日常工作与生活的交流工具和媒介,它也具有四种经济效应——成本(Cost)、价值(Value)、效用(Utility)和效益(Benefit)[①]。20世纪90年代,加拿大经济学学者弗朗索瓦·维兰科特(Francois Vailancourt)系统地阐述了语言经济学的分类、用途及价值影响,以此标志语言经济学(Linguistic Economy)作为一门学科正式成立[②]。

在信息经济学快速发展的过程中,语言经济学不断深化和完善,且经济和语言之间的联系也变得更为紧密。大部分的经济学家在应用经济学方法、概念来研究语言与语言变体之间的关系时,普遍认为经济变化是引起语言变化的外因。而这种变化的逻辑脉络和内涵本质都与社会经济的整体走势存在紧密的联系。因此语言经济学研究者在理论研究的过程中,又将语言作为特殊的经济要素,并着重强调语言是通过金钱与时间等资源获得的。人类之所以会投资语言,是为了获得更为可观的社会效益或经济收益。

语言经济学有如下观点。

第一,语言的本质为一种人力资本,即语言学习者是拥有多种资本的个体,拥有费用和收益的特征,如学习者拥有知识、文化、健康的身体等,有了这些资本,人类可以创造更多领域的价值。语言亦是如此,不同语言学习者学习了语言技能,从事与语言相关的工作,创造更多的衍生价值。

第二,第二习得语言(或外语)实则为一种经济投资。这种"投资"的收益与成本取决于学习语言的既定外部条件、学习语言所花的时间与精力,以及是否有效利用语言达到预期目的。外语是人力资本形成的资本投入,拥有特定的风险性、收益性特点。

第三,语言的经济价值有高低等级之分。

第四,语言经济效用受多种因素影响,大多情况下它取决于第二语言在不同

---

① 莫再树,张小勇,张云. 基于语言经济学的商务英语研究 [J]. 湖南大学学报(社会科学版),2006(04):102-106.

② 莫再树,张小勇,张云. 基于语言经济学的商务英语研究 [J]. 湖南大学学报(社会科学版),2006(04):102-106.

市场上有效使用的程度及用途等。譬如某国在外贸交易中获得巨大的成功,则能够带动周边国家的外语热潮。

在理论内涵上,语言经济学认为语言拥有鲜明的经济效益。通常来讲语言经济学的理论研究方向有"经济与语言关系""语言的经济效益"等。在商务英语翻译的过程中,通常会涉及语言的经济效益,即将语言作为特殊的经济资源,使其产生特定的经济效益,进而为产业的健康发展提供有利条件。其中语言的经济效益和价值,主要有经济发展(语言投入与组织收益)与人力资本(语言投入与个人发展)两个层面的内容,通过深化语言的经济效益,能够充分激活语言在产业中的经济价值,使产业获得健康、全面的发展。

二、语言经济学在商务英语中的体现

(一)语言需求

这里涉及的语言需求主要指用户需求,其中"用户需求"是营销学、经济学中经常出现的词汇,但在商务英语中,能够切实提升英语翻译的经济效益和价值。究其原因,从用户需求的角度出发,进行商务英语翻译,能够提升用户对英语翻译的理解程度,更好地帮助产业建构品牌。而这也与商务英语翻译中的功能主义相呼应,可以使翻译者明确商务英语翻译的重点和目标。

(二)语言收益

在语言经济学理论中,语言收益主要指语言投入与经济收益之间的关系,能够使语言投入更具方向性和精准性。因此在商务英语翻译的过程中,需要将收益理念贯穿到语言翻译的整个过程中。譬如在商务英语信息服务中,英语翻译的收益主要指客户获取信息的质量及信息转换的效率。因此在商务英语翻译中,需要翻译人员明确英语翻译的功能和作用,并从功能主义的角度,革新英语翻译的方式和方法,以此使英语翻译发挥最佳的效益。譬如广告宣传中的商务英语翻译,便需要准确、完整、真实地传达商务信息,不能出现任何的用词不当、语义含糊的问题。所以在实际的英语翻译过程中,必须明确英语词汇的意义、内涵及特点。

(三)语言投入

"语言经济学"中的语言投入揭示了成本投入与经济收益的直接关系,论证了语言投入的重要性和必要性。而在商务英语翻译中的语言投入,主要指英语翻译者对英语翻译的"思索"与"研究",指翻译者对"英语翻译"的时间投入和精力投入。在语言投入方向上,翻译者应从文化性、功能性、需求性等层面翻译商务名称。

三、语言经济学视角下商务英语教学必要性

在语言经济学视角下,社会发展和经济活动离不开语言活动和语言发展的支持,在商务英语教育发展与创新的过程中,有效的语言能增强学生运用专业英语进行跨文化交际和加强知识经济交易的能力。其次,学生在从事某项事业和完成相关工作时,一定的商务英语语言交流能力能获得相应的经济效益,还能让学生了解更多与专业和行业发展有关的知识和信息。另外,在英语人力资源发展的过程中,通过加强学生商务英语学习能力的培养,能够为行业的发展带来经济激励和效益,这样也为与英语有关的行业和企业创造更大的优势。

四、语言经济学视角下商务英语教学现状

(一)缺乏多维的市场调研

经济的健康发展离不开有机的市场。语言经济的收益要达到预期目标,需要充分分析市场的特点和需求。如今,语言经济学视角下商务英语教育最大的问题之一即缺乏专业语言所对应市场的深入调研。很多高校商务英语的教学重点还是停留在外贸函电的书写、商务谈判对话的简单低阶操练上。在智慧经济时代背景下,商务领域的发展和知识更迭非常迅速,电商、跨境平台、新零售线上线下相结合的市场模式均需对接到商务英语的学习,以提高语言的经济效益。因此,及时的市场调研,及时调整商务英语的授课模式和内容迫在眉睫,只有准确抓好市场调研,人才培养才能对接市场需求,取得双赢效果。

(二)缺乏明确的课程教学定位

商务英语的教学内容、教学模式等定位不"专"是另一个问题。很多高校英语教师对教学的定位仍停留在通用英语教学固有模式中。英语授课模式通常包括导入、讲解、练习、总结等步骤,没有对接商务英语的时效性,也没有对接专业特点设计教学内容。缺乏符合专业特征的语言教学,即语言经济学的效率和价值在顶层设计上就已经失衡,更没有让教授者和学习者达到更高的教学目的和更好的教学效果。在商务英语教育发展中,教育内容更好地贴近专业、贴近市场、贴

近学生职业能力和综合素养是需要不断努力的方向。

（三）商务英语教材不完善

高校要想提升商务英语在教学和人才培养方面的质量，就需要合理优化教材内容。通过科学的教学内容为教学活动的合理开展奠定基础。如今，很多商务英语均以工作岗位任务或工作过程为项目组成教材内容来提高学习成效。但部分高校缺乏对商务英语教材的合理设计，仅结合传统的教学思路和方法进行教材内容的编写，很多还是将教学内容简单地以章节命名编排，章节间没有必要的逻辑关系，教学材料不够优化。除了教材编写上有不合理之处，商务英语的教材内容也缺乏多样性，很多商务英语教材的教学内容中较少融入专业各方面的前沿信息等。语言的载体——教材编写及内容没有到位，语言的知识资本不够齐全，故语言的经济效益与效用难以发挥其作用。

五、语言经济学视角下的商务英语教学策略

（一）动态关注商务英语与市场的对接性

语言经济学视角下的商务英语教育发展需密切关注商务英语与市场的对接。在高校开设商务英语时要组织多层面的市场调研，以明确分析目标市场、所对应行业的专用话语，分析专业学生能力、教学环境等。商务英语在制订切实可行的人才培养和教学计划时，学校需组织教师队伍对外贸企业进行行业发展现状、行业发展趋势及商务英语专业建设现状分析。在明确调研的目的和意义的基础上，掌握企业对商务英语专业人才的需求，总结出商务英语对应岗位，如外贸跟单员、跨境电商运营员、外贸翻译等的知识、技能和职业素养的要求。对接了市场分析的商务英语，会跳脱教材的固有限制，为专业人才的培养量身打造。对接了市场与学生的需要后，学生上课热情高涨，学习效率提高。同时，语言所带来的效益和效力也在学生未来从事的职业中得到了充分的体现。

（二）全面分析课程设置层级难度的可接纳性

为了充分体现商务英语与学生未来职业岗位的对接，商务英语的课程设置应合理分布，可将课程分为初、中、高三个层级阶段。初级阶段课程主要针对大一的学生，所以初级的教程有很多通用英语方面的知识，同时通过 EGP 的学习强化学生在听说读写方面的基础能力，但是初级的课程也需考虑教材内容的专业背景

性，所以建议一些阅读性文章、语法例句、拓展资源等方面要融入 ESP 的专业背景知识，让学生在意识层面初步了解专业的基本状况。中级阶段的课程主要针对大二学生，课程重点应对商务英语中所涉及专业的基础概念和基本原理做出讲解和系统操练。高级阶段的教材为大三以及更高年级的学生使用，教材需充分与专业市场及学生专业岗位挂钩，以此商务英语的作用逐步与工具属性融合。

同时，基于语言经济学角度，为了实现商务英语的最大效益，其课程内容的编排需体现集中、高效性。商务英语侧重词、句、篇等一体化的重要表达积累，同时还应注意跨境电商英语等新型商务英语模式下的行业动态和用语等。高度凝练的商务英语，可以有效助力学生未来工作岗位和工作过程中所需的专业英语，这一语言资本能够实现语言的效益和效用。

（三）加强教材创新

商务英语课程内容的合理编排离不开教材的创新。商务英语是更新和发展很快的学科，为了与现行市场相匹配，商务英语专业需开发新型教材，将活页式教材尽早纳入相关学科的样本教材。活页式教材能及时择取出过时的专业信息，在不影响大体框架的情况下加入行业最新动态的实时内容，把新观点、新案例、新技术动态通过活页放入教材为教师与学生所用。在语言经济学视角下，英语教学信息的及时更新与经济的高速发展相匹配，衔接了市场特点的商务英语教材才能真正做到商务英语专用于对接专业与岗位。

（四）加强英语教师与企业教师的合作教学

从语言经济学角度思考，商务英语授课过程中应考虑英语教师与企业教师的合作模式。很多英语教师的硕士或博士学位为英语语言学或英语文学，对行业英语知识了解不多，尽管学校有组织相应的教师培训，但仍有部分教师对商务英语的知识了解相对滞后。随着 ESP 的兴起，很多教师成功地从纯 EGP 教师向 ESP 教师转变。ESP 教师对英语教师带来很多挑战，如除了有扎实的英语基本功，还需了解所对接专业学生的专业领域商务知识。在此时如若各大高校积极推进校企教师合作教学模式，将在节省经济投入成本的同时，最大限度地利用教学资源，与市场及公司企业紧密联系，减少投入浪费，对实现获取最大收益的教学目标将具有积极作用。

（五）突出实践教学的实用价值

实践出真知，实践在商务英语中是最能有效提升课堂效率和课堂可实施率的方法之一。商务英语是与其职业直接挂钩，具有很强的专业实践性，故在语言经济学的视角下，要充分利用语言这一桥梁，助力学生在专业实践中的培养。在此背景下，高校应在校内建立自己的实训基地，如基于 ESP 的校内外贸公司等，全面提升商务英语的教学效率，让学生在实践中强化对知识的内化和吸收。就业后学生便可以利用实践所学，为自己、为社会、为国家创造更多的实用经济价值。

第二节 多模态视域下商务英语教学

网络信息技术的快速发展促使人们不再满足于文字上的输入，更加倾向于将语言文字与图像、声音、动作等多模态输入输出方式结合起来，进行多模态学习。自 1996 年多模态教学模式首次被提出以来，越来越多的中国学者开始关注在外语教学上运用多模态教学模式，并产出一批优秀成果。

商务英语的教学是将英语最基本的语言使用技能和商务活动相互融合的一种教学模式，以商务使用为主。互联网技术的诞生为商务英语拓展了教学平台，使其从单模态过渡到了多模态教学，这也是商务英语改革的必由之路。多模态教学理论强调信息的传递必须通过不同类型的符号资源整合，主张知识的传递与实践技能相互结合。商务英语实践教学引入多模态教学理论已是大势所趋，传统教学模式已无法满足当代社会对于商务英语的应用需求。

一、多模态理论分析

每一种信息的来源或者形式，都可以称为一种模态。多模态交互是指通过语言、图像、声音、动作等多种手段和符号资源进行交流。多模态教学起源于 20 世纪 90 年代，最初理念是多模态话语研究，随后经过不断深入研究，人们发现其对于英语教学的重要意义。多模态教学理论，指出多模态教学就是在课堂上通过运用各种各样的手段和方法调动学生的多种感官来进行学习，开辟了多模态教学模式研究领域的先河。我国学者顾曰国在 2007 年提出，模态是人类通过感官（如听觉、视觉等）跟外部环境的互动方式，用三个或是三个以上感官进行互动就叫作多模态，多模态学习方式更有利于学习者学习语言知识[1]。张德禄认为，多模态是指借助语言、图像、声音、动作等多种手段通过视觉、听感、触感进行交

---

[1] 顾曰国. 多媒体、多模态学习剖析[J]. 外语电化教学，2007(02)：3-12.

际[①]，多模态教学方法可以提高学生的英语学习兴趣，促进学生获取更多的英语知识，提高交际技能。

在多模态应用方面，以往的研究多集中在传播、广告等领域。随着信息技术的飞跃发展与教育技术的飞速进步，教育教学领域也开始聚焦于多模态理论的应用研究，由此，多模态教学理念应运而生。多模态教学侧重师生之间接收信息和进行感知的形式。教师通过语言、声音、姿态及神情等表意符号以及图片、视频、多媒体等工具，将信息传达给学生，并在传达过程中加强师生信息互动，充分让学生感知信息点，形成自身学习认知。

在当今信息化时代，单一模态无论是对于教学还是人与人之间的交流都不能满足人们对于语言使用的需求，单模态向多模态过渡已经是符合时代发展的必然要求。多模态话语可以使用多种语言符号形态，丰富信息技术手段，加强英语学习者对于规划学习内容的记忆系统。多模态教学主要强调将多种符号系统纳入教学范畴，如语言、图像、音乐、网络等，充分调动学生的多种感官，将其应用到商务英语的学习中，引发学生在记忆词汇过程中寻找单词之间的相似性，产生不同维度的联想，进而提升单词记忆的效率，达到预期的学习效果。这一教学方法在本质上超越了单模态教学方法，既能在讲解上更深入，也能提升学习者对于单词的记忆能力。

多模态理论在教学手段上也极为丰富，通常采用信息技术、分组合作学习、引发联想、分角色朗读或扮演等方法来体现学生的主体地位，利用新颖全面的教学模式提升学生的积极性和主动性，实现课堂互动，充分体现学生的参与感，实现商务英语教学的集听、说、写、练于一体的教学成果。同时，还能提升学生学习商务英语的兴趣，学生在与教师互动的过程中，不仅学习主体的地位得到了体现，还能掌握基本的教学常识，更能在日常学习中潜移默化地提升自己的专业水平。

多模态理论教学的优势在于让学生处于一种轻松的学习氛围中，相比较学习成绩而言，更看重学生的学习能力。创新与多样化的教学手段弥补了传统单一教学模式存在的弊端，多模态理论教学为商务英语学习者提供了宽广的教育平台，也为教师带来了新型教育模式，在转型视角下，多模态教育模式将会实现全面可持续发展。

对于商务英语实践教学而言，多模态教学必须结合课程内容，将知识点适当地延伸，引发学生自主思考，为学生提供良好的教学环境，提供重点、难点知识掌握途径，制定阶段性的教育目标，将这些规划方向融入课堂教学，转变教学理

[①] 张德禄. 论多模态话语设计 [J]. 山东外语教学，2012，33(01)：9-15.

念，合理使用多种教学方法，如听说法、交际法、暗示法、情境教学法、全身反应法等，将这些元素科学合理地运用到语言情境中，能辅助学生掌握部分深奥且难以理解的知识点，在深化知识的过程中，还能增强自身的学习能力。多模态教学理念重视信息技术的应用，教师在课堂上应充分结合多媒体为学生创设相关教学情境，通过听觉、视觉、触觉等不同感官的刺激，使学习者有一种身临其境学习英语的感觉，真实体验到语言的存在，寻找语感，进一步提升学生对于词汇、语句的输出能力。

随着信息技术的成熟与多媒体教学设备的完善，教学环境上得到了很大的提升，这一平台为多模态理念教学夯实了基础。当前我国多模态教学仅限于语言专业使用，但是经过不断的开发研究，相信其会被运用于各个学科的教育实践。多模态理念作为一种新生的教育模式，已成为商务英语实践教育乃至于其他语言教育的灵魂，为商务英语带来了新的活力，其教育理念完全符合当代对于商务英语的教学要求，可以被称为商务英语的"教学之魂"。在以后的教学中，教师可以运用更为多样的教学方法和不同的教学手段，将这一教学理念进行深度融合，探索多元化的教育渠道。

二、多模态视域下商务英语教学现状

随着社会经济的发展，自 2007 年首次批准设立商务英语本科专业后，截至 2018 年，我国已有 393 所高校开设了商务英语本科专业，学习商务英语各类课程的在校大学生人数超过 20 万。商务英语作为商务贸易和英语学习两个概念的复合，实际上就是在商务环境中运用的英语，有运用的特定职业领域和专门化的内容。在商务英语课程教学中语言与翻译教学的地位举足轻重，不同于一般的教学，商务英语教学具有较强的专业性、实践性、应用性，学生不仅要有正确的发音和得体的语用，更要拥有专业的商务知识、跨文化交际能力、良好的话语礼仪等。虽然目前开设商务英语专业的院校较多，但在商务英语教材、教学模式、课程设置、师资力量上都具有一定的局限性。

在商务英语教材方面，很多高校将商务英语等同于外贸英语会话，教材内容大多数以外贸交易为主。而商务英语涵盖的范围较广，不仅是外贸类，还包括跨境电商、物流、管理、市场营销等，且教材对专业性知识涉及较少，可以运用于商务英语课程的全英文商务教材更为稀缺。其次，商务英语教材内容并未能与时俱进，教材内容较为集中地聚集在传统贸易上，对跨境电商、电子贸易等如今主流贸易类知识较少。再次，商务英语教材的内容较少从学生、市场或是行业的角度来选择，对实际市场需要的商务英语人才要求考虑较为欠缺。

在教学模式上，现在一些高校的商务英语课堂还是以教师为中心，教师讲学生听，在整个课堂教学中，学生处于被动接受的地位，且所教授的商务知识离学生实际生活较远，较难激发学生主动学习的兴趣。课堂上较少有真实的商务情景模拟，课下缺少真实的使用环境，致使学生的学习内容多停留于书面，遇到真实的商务交流时难以灵活运用。

在课程设置上，商务英语课程之间存在着脱离现象，不少高校通过开设金融类课程对商务术语和商务知识进行讲解，由经济学院的教师或是有此类背景的教师用中文授课，成为一门经济学类课程。而到了语言课上，大多数教师不重视对商务专业词汇的解讲，将商务知识和英语完全分割开来。其次，语言课上多注重输出性表达，对输入性表达不够重视。而根据语言学习理论，语言能力的输出离不开大量的语言输入，英语语言能力能否提高与输入语言的量紧密相关。

在师资力量上，商务英语不仅要求教师有较强的英语听说能力和跨文化交际能力，还要求教师具备深厚的商务知识。目前大多数教师虽然是商务英语专业毕业的，但他们的商务知识基础较为薄弱，商务交流实战经验较为匮乏，课堂上主要针对课本内容进行讲解，较少结合实际运用，使学生较难深入理解掌握。因此，商务英语教师除了要具备良好的英语能力，更应该通过节假日或是寒暑假的实地进修，提高自己的商务知识水平。

三、多模态商务英语教学的可行性

在商务英语课堂教学的研究上，曾庆敏在大学英语听说课上就多模态视听说教学方法的有效性进行了实证研究。结果表明，该方法可以提高学生的英语听说能力和综合运用能力，同时增强了学生的自主学习能力和学习兴趣。芮燕萍、冀慧君通过对某大学英语听说课进行16周的多模态模式听说教学实验，证明多模态听说教学模式可以有效缓解学生口语焦虑和课堂沉默现象，促进课堂互动。何佳分别运用多模态口语教学和传统口语教学方法对两个大学英语口语平行班进行对比，结果显示，运用多模态口语教学模式的实验班学生在表达词汇量、流畅度和语音方面都优于普通班。由此可见，在专门用途的商务英语课堂，教师可借鉴多模态教学模式，充分调动学生的感官，激发学生商务语言能力的输出。

四、多模态商务英语教学的理论依据

（一）认知理论依据

认知心理学强调在学习中大脑具有控制心理的作用，是与学习成果密不可分的一项元素。按照心理学理论，在学习商务英语的过程中与新知识的接触能激活大脑中与其他相似知识有关的认知元，而新知识的输入又能激活大脑中原本存在的记忆系统，从而在记忆深处形成画面、知觉、意识等。在商务英语的教学中，认知元能发挥强大的记忆作用，不仅能使学生对于新输入的信息具备良好的处理能力，还能提供给学生多感官的体验模式，使他们通过大脑的作用构建不同的记忆系统，引发不同层面知识的联想。

心理学家通过实验证明，在学习知识的过程中，大脑对人的思维启发极其重要，作为记忆组织的一部分，联想到的知识面越广，对于商务学习越有利。多模态教育理论强调知识必须通过不同的符号系统进行灌输，方可提升人的大脑记忆力。这一教学模式不仅使课堂知识传递途径更加多元化，还为课堂教学提供了相关情境，同时，还将不同的教学资源融入课堂，通过动态与静态的演示，将枯燥的英语学习变得有趣，也为学生的学习增加了一份直观性。

（二）社会文化和情感理论依据

任何一种语言的学习都与文化密不可分，在传统的观念中，语言学习首先要考虑其所处的社会环境以及语言相关的文化背景，根据这一大环境选择相应的模态符号表达方式。商务英语作为当前在商业往来上使用较多的语言，具有典型的跨文化交际特征，在教学中更不能缺失国家的相关文化元素。多模态教学理论运用在教学中，能为学生创设商务英语学习中的文化背景，让学生更直观地看到语言背后的内涵价值，在探寻文化语境的状态下潜移默化地接受商务英语的熏陶，通过不断实践与探索，逐步挖掘英语语境下的文化信念与价值取向。

同时，多模态教学理论与情感也存在关联，情感源于学习者的主观意识，决定着学生的兴趣爱好、思想觉悟、学习态度等，是知识获取与输出的源泉。克拉申把阻碍学习者将可理解的语言成分全部运用在语言交际中的情感障碍称为"情感过滤"。情感过滤对于语言知识的汲取有着决定性的作用，换言之，即学习者在接受商务英语知识灌输的过程中，情感因素阻碍增加，那么接受知识范围就会变小，学习效率自然会下降。多模态教学理论可在一定程度上改善情感过滤这一动态因素。其教学方法灵活多样，内容丰富有趣，动态资源与静态资源相互结合的教学模式，能使学生成为学习主体，实现教育价值，也能在最大程度上减少学生的情感过滤。由此可见，多模态教学理念不仅能带给学生深层的语言文化底蕴，也能提升学生对于商务英语的应用能力以及探索能力，进一步提升学生的综合素质。

五、多模态视域下商务英语教学设计与实施

随着互联网的快速发展和科技的不断进步，教师的教学不应该仅仅聚焦于课堂和教材内容。在商务英语教学中，教师可借鉴多模态教学理论和框架，充分发挥多模态协同能力，为学生营造良好的商务英语学习氛围，提高学生的商务英语语言输出能力。

（一）对教材进行多模态化处理

现在使用的教材虽然有多模态性，但还是以文字为主要媒介的教材。多模态外语教材还尚在完善发展之中，找到一本合适的专业类英语教材更非易事，所以需要教师对普通教材进行多模态化处理。教师可根据课文内容制作图文并茂的PPT课件，通过声音、图像、动画、动作等多模态资源，以补充和丰富教材内容，增加趣味性，从而提高教学效果。

此外，教师还可以将多模态化教材的精华内容打造成商务英语"金课"，通过调动多种感官多模态输入，培养学生对商务英语的综合运用能力和商务交流能力。

（二）教学内容多模态设计与实施

商务英语教学主要包括英语语言基础能力训练、商务专项能力实训、商务英语综合技能实习三大板块。

"语言基础训练"包括听力训练、口语交际、商务阅读、基础写作等，这一方面的教学主要培养学生的听、说、读、写、译等基本专业能力，听力是英语最基本的能力，阅读是学生的理解能力，这两方面知识对于学生实际操作尤为重要，因此在语言基础能力训练过程中，教师应在传统的教学方法上融入现代化教学元素，例如多媒体教学设备、信息技术以及其他传播媒介等，扩展教学路径，加大信息传播量，为学生创设真实的教学情境，刺激学生的五感参与学习，实现新模态教学理念的现代化意义。

多模态教学对于语言研发的教育理念在商务英语教学中获得了显著的教育成

果。以商务英语阅读为例,其不仅是商务英语学习的起点课程,更是培养学生语言综合能力发展的主要课程。这就如同汉语阅读一样,考查的不仅有对词汇的掌握能力,还有在学习过程中积累的文化知识。语言都是共通的,商务英语亦是如此。传统的单模态教学理念对于学生学习英语是不利的,教师在课堂中以语言符号传输信息为主,缺乏与学生的互动,学生在学习中没有参与感,导致课堂气氛枯燥乏味。新时代的多模态教学理念改变了这一现状,教师会将需要学习的商务英语知识提前通过信息平台发送给学生,指导学生如何理解知识,查阅哪一方面的资料辅助预习,并发给学生自己整理的资料,让他们自行理解,随后在课堂中与教师的授课内容比对,寻找自己的理解误区,在不断探索新知识中提升自己的阅读能力。

"商务专项能力训练"课程的主要目标是培养学生的应用型技能,例如产品推销、商务谈判、组织会议、外贸函电撰写等跨文化商务交际能力与商务专项从业实践技能,为未来的商务工作夯实基础。这一板块主要是使学生掌握商务礼仪、商务合作谈判技巧、计算机及应用技术、国际贸易流程等,教师需要引导学生提前体验商务流程,提升学生的实践技能。高校在这一教育环节上可创设 3D 实训基地,按照商务流程对学生展开实践性教育,利用信息技术资料,让学生模拟商务活动,全程使用商务英语展开交流。同时拓展商务平台软件的使用,教师带领学生深入了解商务模式,并对于这些内容进行模拟性训练。

(三)课上协调多种模态,激发学习兴趣

构建多模态化的商务英语课堂,意味着教师在课堂上的角色也应发生相应的改变,教师从课堂的"主演"变成课堂的"导演"。教师应积极采取多种模态教学手段,通过整合各类商务音频、视频、合同文本等网络资源或教学课件,调动学生通过各种感官去吸收学习新知识。例如,在以"商务谈判"为话题的教学中,教师可以先引用一段有情景性的商务谈判电影场景,鼓励学生思考他们将如何应对,通过视频和音频模态输入让学生感到自身知识缺乏,激发学生的学习兴趣。教师再利用内容丰富的 PPT 对生词、语法和商务谈判中的礼仪文化进行讲解,然后通过图片和视频让学生找出并修改不适当的用语和动作。再次,让学生自发组成若干个小组,分别为自己的小组取一个公司名,根据组员讨论安排每个人的职务和在谈判场合中的角色,教师将已经提前设计好的商务合同和谈判要求分发给每个小组,让学生根据合同内容和公司设定相互进行谈判后,补充并修改合同。最后通过教师点评、生生互评的方式对各个小组的口语表达、合同写作、行为举止进行反馈。在课堂教学过程中,学生运用文本、视频、音频、图片等多种模态,还原真实的商务谈判场景,有效地训练语言表达,提升学生运用商务英语进行交际的能力。

(四)活动形式多模态设计与实施

多模态教学理念的使用要结合相关的课程内容决定符合教学的应用方式。商务英语实践活动教学模式是培养学生对于商务流程掌握及运用的相关经验,因此,商务英语的使用应采用多方面的教学方式,尽可能拓展学生的知识面。

在"语言基本能力实践"课程中,教师应充分利用现有资源,例如粉笔和黑板,在传统教学方式的基础上,可以融入图像、声音等元素,在这一过程中,教师的语言行为、表情转换、情绪以及情感因素也是需要配合使用在教学中的。通过不同的元素进行知识的输入更有助于学生对于内容的消化。

除此之外,还要开设商务英语的第二课堂,用于巩固学过的知识并进行相关内容的延伸。第二课堂实践活动可以在校园内部寻找平台,举办口语大赛、演讲比赛等,在重大节日期间可以举办商务英语文化节,将该专业与我国节日元素进行融合,加深学生的学习情感。

在"商务专项能力训练"实践教学中,可以使用商务仿真软件平台,组织学生开展商务专属实践活动。在实践中,教师可带领学生共同创设"商务谈判"现场活动,教师为学生提供谈判素材,学生根据相关素材进行演练,在相互配合中完成一系列商务流程,巩固书本上的知识,为步入工作夯实基础。教师结合学生谈判的实际情况对学生进行评价与指导,这一实践过程在提升学生英语使用能力的情况下,还能促使学生深入了解商务流程,对于学生实践技能的提升有很大的帮助。

(五)利用网络构建多模态信息资源

多模态教学主要以信息技术为载体,因此利用网络平台展开理论与实践教学是商务英语最有效的教育模式。如何充分利用信息资源,是当前有待研究的课题,也是教师值得思考的一个问题,商务英语重在培养学生的实践能力,因此应在"实践、应用型"这五个字上寻找突破口。根据多模态教育现状展开分析,在利用信息资源上可以从三个环节入手:一是教师利用信息技术教学,二是教师利用信息技术互动,三是学生利用信息技术实践并扩展自己的知识区间。

首先,教师可在互联网平台搜集与课程内容相关的教学资料,将这些制作成PPT课件,辅助学生对于课程内容的学习,还能延伸到课外知识,提升学生的眼界与阅历。其次，利用信息资源互动可以从教学软件寻找切入点，利用QQ、微信、微博、校内商务论坛等开展互动，教师及时将最新知识上传至网络信息平台，学生在客户端互动交流，探索新知识点，在交流中提升自己的语言理解能力。最后，学生利用信息资源扩展学习区间范围比较广泛，在线上学习商务常识、学习外企商务交流中使用的语法、多在网络平台搜集商务英语使用标准、多了解西方餐桌礼仪、多了解商务流程等内容，提高自己的各项实践应用能力。信息资源有待开发，对于商务英语实践教学而言，从不同的观点出发就会生出不同的信息指导模式，因此，多了解、多开发、多探索、多实践，方可充分利用丰富的信息资源实现商务英语的实践教学。

（六）课下构建多元互动环境

构建"互联网+线下"多元互动商务英语学习环境，互联网时代背景下，教师除了课堂上运用多模态手段进行教学，课下也应该依托网络教学平台，如学习通、雨课堂、慕课等进行学习。如使用学习通平台，一方面教师可以在每节课上课之前将视频、听力、课文等学习资源上传到云平台，让学生提前预习，既可以提高学生的自主学习能力，又可以提高课堂教学效率。教师还可以在学习通平台上布置口语操练或小组活动的作业，学生上传的各类音频、视频等资料可以通过学习通保存，方便教师反馈后，学生相互观摩借鉴。

此外，学生还可以利用学习通平台跟同学分享各类资料文件，有助于同学之间的学习交流。除了运用互联网平台，教师还可以通过线下举办"商务之夜""商临其境"等活动，使学生参与真实的商务交际场景。如"商务之夜"活动，可以联合经济学院、管理学院等共同举办，学生和教师之间相互交流学习，条件允许情况下，还可以邀请有商务背景的外教或在校留学生参加，感受真实的交际语境。"商临其境"则可以通过配音表演等方式锻炼学生的语言表达能力。

（七）构建线上+线下的混合教学模式

在转型时期，国家做出了"引导部分普通本科高校向应用技术型高校转型"的战略部署，在人才培养方面，目标也非常明晰。只具备学术知识，那是远远不够的，这也就意味着，商务英语专业的学生，要在学习的过程中更多地提升自己的能力。这并不是说知识学习不重要，恰恰相反，基础、理论知识是能力提升的前提，所以，学生要学的内容变得更多。基于此，就要转变教学模式，扩大课堂容量。在多模态教学这一概念下，教师可以充分利用信息技术的强大优势，打造线上＋线下的混合教学模式，这和多模态教学有一定的交叉，内容上非常契合，且目标一致，都是为了提升学生应用英语的能力。借助线上＋线下这种混合模式，让学生获得更加全面的商务英语知识。线下主要包含各种基础理论知识，线上则可以提供一些拓展类内容，这样学生的听觉、视觉等多个感官都能被调动，因为他们需要把这些知识整合起来，需要不断思考，而不是只在课堂上听教师讲解。而且，这种混合模式，能让学生接触到更丰富的商务英语知识，比如在线上视频中，可以搜集一些常见的商务英语应用场景，还可以对商务英语知识做细分，比如商务口译、交替口译、商务英语函电相关知识等，针对每一个小的板块专门设计视频，学生对某一部分感兴趣就可以深入学习，这满足了学生的个性化学习需求，也能促进商务英语多模态教学的实施。

（八）教学评价的多模态

教学评价的多模态着眼于教学全过程，评价体系主要由评价主体、评价内容和评价形式等三个方面组成。评价主体包括教师和学生。评价内容包括音频、视频、图像等多模态形式。采用多元综合评价形式，包括过程性评价和终结性评价，围绕师生互评、生生互评和学生自评展开。教师对学生的评价包括形成性评价和终结性评价。形成性评价主要是对学生在学习过程中自主学习的开展、课堂互动、形成性考核作业完成、小组活动的表现等方面进行评价；终结性评价是通过期末试卷对学生的学习效果进行评价。学生对教师的评价主要包括对教师在线上线下，以及课前课中课后使用多模态教学的效果、在学习过程对学生的指导效果等方面进行评价。学生对学生的评价主要是对其他同学在小组活动的协作和表现进行评价。学生对自己的评价主要是针对自己在学习过程中的表现进行反思，及时找到应该改进的地方并及时纠正，形成自省的习惯。通过多维评价的数据分析，帮助教师掌握学生学习过程的薄弱环节，及时调整指导方向。

六、多模态视域下商务英语智慧教学模式

智慧教学实际上就是多模态环境下的教学活动，而多模态话语分析理论则为智慧教学模式的构建提供了具有可操作性的理论支撑。因此，课堂教学应该针对不同的学习对象，搭建层次多元、交互便利、个性体验以及生态协作的多模态智慧教学体系。多模态教学理念需通过不同的手段（语言与非语言）、不同的符号（声音、图像、形态等）和多种媒介（多媒体技术）实现，教学活动参与者需根据自身需求选择合适的模态来实现预设目标。换言之，在英语教学活动中，教师

应根据课程大纲和课程培养目标设立合理、具体的教学目标，然后选用交互式的教学方法与技术手段，以适当的模态将教学内容呈现出来。多模态教学理念与智慧教学理念高度契合，二者的有机结合和综合运用是信息技术时代发展的必然结果。智慧教学以多种信息技术手段（在线学习平台、教学实训软件及多媒体技术等）为教学实施平台，体现了多元、混合的教学态势，而这正是多模态教学的理念精髓。因此，在多模态视域下建构智慧教学模式，具有极大的可行性。

（一）智慧教学环境

教学环境会对学生的学习成效产生直观的影响。要想构建智慧教学模式，教师首先要创立一个良好的智慧教学环境。商务英语课程的智慧教学环境包含线上、线下两部分，线上主要是教学平台环境，线下则是实体课堂环境。这里主要介绍线上教学环境的打造。可以选择雨课堂作为商务英语课程的主体智慧教学平台。雨课堂由清华大学和学堂在线共同研发，主要载体为微信小程序和PPT，教师可在电脑端设置教学内容，在手机端开启课堂教学，学生则直接在手机端接收学习课程内容。

（二）智慧教学模式

1. 课前

预习资料的设计、推送与反馈基于多模态话语原则，在教学过程中，教师需要利用大量的文字、语音、图像及视频等资料向学生进行知识的传送。面对海量的学习资源，教师首先要做的是辨别筛选，选取合适、适量的资料，做成PPT预习课件。在课件中，教师可插入音、视、图、文、慕课等多模态资料，对课程单元主题知识进行导入和补充，使学生对单元主题有初步认知，对具体的学习内容有大致猜想，从而激发学生的自主学习能力。随后，教师可将课件上传至雨课堂课件库，随用随取。同时，为检测学生对预习知识点的掌握程度，教师也可制作雨课堂试卷，利用批量导入和新建试卷功能，发布词汇、选择、填空及主观问答等习题，并将其上传至教师的试卷库。教师将课件或试卷推送给学生，规定好预习的时间节点，学生就可以在各自的微信端查收课件或试卷，自主预习。学生在预习课件的过程中，如有疑惑的知识点，均可在幻灯片页面标注"不懂"或留下反馈信息，教师就可掌握学生的知识薄弱之处，并在课堂讲授环节着重解决这些疑难点。在学生完成预习后，平台就会生成学习数据，教师可查看课件预习人数、"不懂"页面标记、学生答题情况以及学生留言等信息。可视化的数据方便教师充分掌握学生的预习情况，并且这些数据也为课程形成性评价提供了依据。此外，教师还可发布"公告"，或在班级讨论区发布话题，引起学生讨论。

2. 课中

师生交互、评价反馈课堂是语言输入与输出的主阵地，教师必须要精心设计与安排课堂教学内容和教学形式，实现课堂知识的正确输入与学生语言的最大化输出。教师利用雨课堂可实现教学课件在学生手机和多媒体教学设备上的同步播放，这减少了传统课堂上学生拍照、抄写PPT，拖慢教学进度的问题。学生也可收藏不懂的页面，及时向教师提问或留待课下复习。同时，教师运用雨课堂最受欢迎的"弹幕讨论"，能够有效激发课堂的趣味性和活力，促使那些不愿意开口表达的学生在弹幕中留下观点。当然，教师在课堂上仍然需要鼓励学生多开口表达，可每节课选取不同的学生做口头陈述、演讲。此外，为活跃课堂气氛，提升学生互动参与感，教师可在课堂上发布随堂测试，将题目显示在屏幕上，学生只需在手机端完成相应操作，平台就会生成学生的答题数据。教师依据答题正确率、分数分布等数据，掌握学生对知识点的理解程度，并对学生进行针对性、个性化辅导，从而有效提升教学效率。

3. 课后

复习总结、作业推送、评价反馈课后，学生可随时查看教师在课堂上所讲授的课件，回顾、复习课堂知识，撰写学习反思。教师可发布雨课堂测试作业，也可通过其他辅助平台如批改网、问卷星等布置任务，以便学生掌握所学，及时补漏。同时，教师也可通过雨课堂，以文件、链接、讨论话题等形式发布其他相关的学习资料，扩大课堂外延。教师可以随时查看学生的作业数据和课堂总结，从而得到教学效果反馈，及时调整教学中的不足。

（三）智慧教学评价

在多模态智慧教学理念的指导下，商务英语课程秉持科学的评价标准，采用教师评价、同伴评价、自我评价、机器评价以及鉴定评价等多种评价方式相结合的多元评价体系，促进教学反思，提升教学效果。课程期末考试作为终结性的鉴定评价，占课程总评的60%，可以反映学生学期课程学习的总体效果。形成性评价的比重相比以前逐年上升，现为总评的40%。形成性评价的具体方式及其所占比例如下。（1）教师评价占50%。教师评价贯彻教学始终，主要是由教师对学生的课堂互动表现和任务完成效果进行打分，形成对学生个性、品格、观念的基本认知。教师评价可以促进师生交流，帮助学生树立正确的观念。（2）同伴评价占

15%。同伴评价主要针对课后作业以及团队任务完成效果,有利于学生之间互相了解,促进同学友谊,加强学生团队合作能力。(3)自我评价占15%。在每单元学习完成之后,学生需要填写单元学习自评表,对自我学习态度、能力形成认知,进行自我反思,提升自主学习意识与能力,实现学习的个性化。(4)机器评价占20%。机器评价主要依托雨课堂对学生的学习进度、测试、考勤及课堂互动等各项指标提供的大数据进行全景式分析,可以使师生共同掌握学生的阶段学习效果,并做出相应的调整措施。

第三节 课程思政视角下的商务英语教学

在全球经济一体化的背景下,在中国面临复杂多变的国际环境背景下,迫切需要将思想政治教育融入商务英语专业教学中,使学生在中西方文化的碰撞下,对内树立文化自信,对外讲好中国故事。商务英语所训练的技能是对外商务交流的必要工具,在商务英语翻译课程的教学中融入思政元素有其必要性与紧迫性。

一、商务英语课程思政相关概念

(一)课程思政解读

1. 课程思政概念

结合课程思政的政策来源依据与社会需求、时代背景,我们应运用马克思主义理论和方法,紧扣普通高等院校立德树人根本任务,紧密结合立德树人思想所包含的政治方向与社会主义事业接班人的培养目标,在确立这一根本性的、方向性的重要前提后,再来得出课程思政在新时期的特定、本质内涵。所谓课程思政主要是指专业课程教师在教学过程中,以"立德树人"作为课程教育工作的基本任务,建立起全覆盖、全过程、全方位育人格局的模式,将专业基础课程、专业必修课程与实践教学活动内容与思政课程中的理论知识进行有效融合,形成协同育人效应的综合性教育理念。

具体展开则体现在如下两个方面:其一,从课程内容来看,要充分结合各类专业课程和思政课程的知识内容及附带的教育教学资源,并进行深入挖掘,加强课程内容丰富化、通俗化、可视化的建设;其二,从建设主体来看,主要是高校一线教师,他们处于高校课程思政建设的"前沿阵地",需要帮助其转变思想观念,牢牢树立课程思政建设的信念，加强教师德育思政方面的教育培训，提升其政治素养，培养教学能力，加强不同专业课程之间的协同效应。

面对普通高等院校全员全过程全方位育人战略要求的提出和实行思政教育过程中面临的现实性难题，"课程思政"作为新的思政教育理念成为普通高等院校教师和学者关注和研究的重点。

2. 课程思政概念的界定

课程思政是一个政策概念，课程思政是应对人才培养新形势提出的关于课程教学的新要求、新方向，并具体化为系列新政策。对课程思政的本质内涵挖掘要做到"知其然，必知其所以然"，因此开展课程思政内涵界定就要从事物的产生源头也就是课程思政的政策来源进行政策文本分析和政策背景分析，从而把握内涵的准确性、方向性及时代性。

（1）课程思政政策文本分析

课程思政从字面上来看只体现"课程"即所有课程，"思政"即思想政治。对课程载体的认识相对易于形成一致理解，但在理论和实践中，对于"思政"的属性、价值和内涵的理解则各有不同。所以非常有必要将课程思政生成的直接政策文本作为理论来源，通过回归本源来分析国家政策制定的依据和意图，从而确定这一政策概念的内涵实质。

课程思政属于教学行为，高校课堂教学改革的实施目标是开展课程思政，课程思政在行为性质上属于一种"课堂教学改革"行为。因此课程思政的行为实质是有别于高校长期以来实施的"大学生思想政治教育"的，课程思政属于教书育人结为一体的教学工作范畴，是教学行为。而传统的高校学工系统、团学系统开展的大学生思想政治教育、学生教育管理等是教育行为，但不属于教学行为或教学改革行为。课程思政是使思想政治工作回归于课堂教学中，思想政治理论课也是以课堂为主要载体，课程思政就是课堂教学中开展思想政治工作的教学行为，落脚点在于"教学"。

（2）课程思政政策社会背景分析

课程思政作为我国高等教育改革和发展的一项具体政策，必然有着其独特的社会需求背景和人才培养的时代特征。因此，对于理论研究来说，课程思政内涵在建构过程中一方面要依据政策文本，另一方面也应避免"本本主义"，根据新时期发展趋势和社会特点，通过政策需求和政策产生时的形势研判来把握住其本质内涵的深入、科学和全面。

①立德树人之"德"是指对党的政治认同

课程思政教学改革主要是服务于高等教育立德树人这一根本任务,通过政策文本来分析得出立德树人所树立的"人"的是社会主义建设者和接班人。而"接班人"在新的历史时期所应秉持的"德"的属性则需要通过对课程思政提出的特定社会背景和时代背景来分析和把握。一直以来,中国共产党始终强调教育应树立"大德"的问题。1938年的抗日军政大学,当时毛泽东提出了"学员首先要学一个政治方向",围绕着当时的社会形势提出了革命和建设的"大德"要求,也就是人才培养的政治方向问题。当前也不例外,在国际竞争愈发激烈、全球范围内的人才流动呈扩大趋势的今天,仅依靠"公德"和"私德"教育难以在国与国之间的人才竞争中争取到、挽留住有用人才,这也是新时期提出高等教育"为谁培养人"这一命题的症结所在。更为甚者,国内外一些势力在"公德"和"私德"领域,贩卖兜售资本主义的"公德"和"私德",并借此恶毒攻击社会主义道路、制度。因此,高等教育立德树人根本任务首先抓牢"大德"的基础方向和关键地位,立志于培养政治理想坚定、拥护社会主义道路和中国共产党的方针政策的建设者和接班人。

课程思政作为这一任务的直接教学承载,教师在课堂教学中与相应知识点所结合的"德"应体现"大德"的首位度,坚持将"大德"作为"公德"和"私德"的统帅,明确课程思政教学的道德教育呈现应是以拥护社会主义道路、支持社会主义建设的政治方向。

②课程思政的核心任务是培养大学生成为党执政的坚定支持者

我国是中国共产党领导的社会主义国家,必须重视培养社会主义的建设者和接班人,重视培养立志于投身建设社会主义事业的有用之才,实现培养社会主义建设者和接班人根本任务的第一要求就是拥护中国共产党的领导。社会的团结稳定需要一个如此强有力的政党对社会进行有效整合,是历史也是人民群众选择了中国共产党,党的执政地位具有天然的合法性和时代的必要性。因此,课程思政所坚持的核心价值就是培养和巩固大学生群体的政治认同尤其是政党认同,使大学生群体成为党执政的坚定支持者。

3.课程思政根本任务

课程思政的根本任务是立德树人。在传统语汇中,"立德"和"树人"是分称的,各有其意。"立德树人"成为一个重要"论域",则以2007年8月31日胡锦涛在全国优秀教师代表座谈会上的讲话为标志。党的十八大将"立德树人"正式确立为教育的根本任务。

党的十九大又做出了"中国特色社会主义进入新时代"的重大判断，这一重大判断赋予高校思想政治工作的理论遵循、目标任务、内容形式以及新的时代内涵，为推动高校思想政治工作创新发展、科学发展提供了时代坐标和科学依据。以立德树人的目标引导课程思政育人共同体，统一思想认识，形成育人意识，达成价值认同。以协同的体制机制构建课程思政育人共同体，坚持党的领导，形成各部门齐抓共管的育人格局。以系统的制度体系固化课程思政育人共同体，通过建立健全责任制度，把各项任务落实到个人，形成严格的责任链条；激励全体教职工积极主动承担育人职责；完善各项保障制度，以推动课程思政工作深远持久地进行，强化课程思政育人工作效应和意识，保障课程思政工作行稳致远。

（二）商务英语课程思政

将课程思政融入商务英语教学，是指在商务英语专业课的教学中，教师作为"主力军"，在课程建设的"主战场"，充分发掘课程所蕴含的思政要素，通过课堂教学的"主渠道"，在商务英语知识的传授过程中强化思想价值引领，实现高校思想政治教育与实际课堂教学的充分融合，达到春风化雨、润物无声的育人效果。

商务英语课程思政的实施具有一下意义。

（1）提高国民思想政治素养

这是教育部推行课程思政的主要目的之一。高校作为教育机构，通过课程思政体系的构建，能够让商务英语专业学生爱党、爱国、爱社会主义、爱人民、爱集体。最主要的是，每个学生都成为思政宣传点，尤其是在新媒体之下，他们会影响更多的网民，为提高国民思想政治素养做出卓越贡献。

（2）提高毕业生竞争力

每年我国有近千万大学生进入社会，竞争压力巨大。社会企业转变了传统用人制度，对员工形成全面考核办法，只有全面优秀的人才能获得工作。课程思政体系构建后实现了技能、思想双轮驱动，让毕业生具有一定的竞争力。

（3）全面实现五爱教育

形成政治认同、家国情怀、文化素养、法律意识、道德修养为内容的大思政教育体系，保证学生在校期间于生活、学习、实践等方面可以不间断获得积极指导，让学生形成良好的政治素养、职业能力。

二、课程思政和商务英语教学有机融合

在商务英语课程中融合"课程思政"的教育理念，能够有效解决商务英语课

程教师"培养什么样的人""如何培养人"的根本性问题,"培养什么样的人"是现阶段我国社会主义教育事业发展首要要解决的问题。商务英语建设过程中必须要坚实社会主义教育的本质,以学生思想道德素养和科学文化素养的协同发展为主要目标。"怎样培养人"是社会主义现代化教育事业发展的落脚点,商务英语课程必须要将专业基础课程、文化通识课程和思想政治课程的内容结合起来,使学生在学习商务英语知识的过程中了解专业课程知识与思想道德理念之间的内在联系,从而实现自身的全面发展。由此可见,如何推动商务英语课程中"课程思政"理念的有效渗透,是现阶段商务英语课程教师所要重点考虑的教育问题之一。

商务英语课程思政可以分为以下几个板块的有机组合。

(一)人格品质教育方面

思辨能力培养策略,理解文化差异,辩证地看待外国文化和价值观,侧重诚信教育、商业伦理教育。商务英语作为ESP中的新兴专业,再加上现在世界大环境影响,相对于其他学科而言它在培养学生思辨能力上有其独到之处。商务英语专业的培养目标具有较强的针对性,有利于增强在教学中对于学生思辨能力的培养。我国很多院校在商务英语教学中更加注重"知行合一"的教学方式。实践是检验真理的唯一标准,这种教学方式为学生提供了各种各样商务类的实践活动,使得学生能够在学习中实践,在实践中升华学习。而商务英语在培养学生思辨能力上将学习与实践相结合是重要的一环。

(二)育人目标方面

无论是商务英语课程,还是课程思政,其根本目的就是立德树人。虽然二者的出发点不同,但是殊途同归。课程思政旨在通过教授学生政治知识等为学生灌输正确的思想价值观,落实德育教育。然而,现阶段很多商务英语课程教师将主要的教育目标放在了学生的专业能力培养上,对商务英语课程"思政育人"的重视程度不够,基于此,我国才提出了课程思政融入专业课程建设中,打造全方位育人体系,将德育教育落实到教育的每个环节。将课程思政与商务英语课程相融合,既能让商务英语课程的育人目标更加明确,也能让课程思政的内容更深入,从而加快德育教育的进程。

(三)二者育人内容交叉

商务英语课程是立足现代商业文化发展,为学生讲解西方国家的主要语言文化特点,并据此从宏观上影响学生的思想和行为,以达到德育教育目的的学科。

而课程思政则着力于将思想教育融入每个学科的教育中,在细微处实现德育教育。虽然二者存在的区别较大,但是他们都是以青年马克思主义者培养为根基,二者内容的交叉,有利于思想政治理论在专业实践中的融合,能够让学生体会到马克思主义对于社会发展的重要意义,可培养学生的学习兴趣、激发学生的学习动力,提升学生的综合素养。

(四)时代给予融入契机

受社会环境影响,当前部分学生不再将努力学习、认真钻研、不断进取等美好品质当作追求的目标,而是贪图享受,消极对待学习以及人生。很多学生由于自身学习基础不足,放弃了英语知识学习。而课程思政则是一个比较新的理念,想要将课程思政与商务英语课程相融合,是一个长期的过程。推动课程思政理念在商务英语课程中的有效融合,能够使学生在商务英语学习过程中对个人的社会价值和时代位置形成更为客观的认知,从而养成良好品行和端正的态度,提升商务英语课程育人成效。

三、课程思政融入商务英语教学的必要性

(一)满足思政教育工作的需要

思政教育是高校教育中的重要部分,但是高校的思政教育课程体现出较强的理论性,难以调动学生的学习积极性,无法保证高校思政教育的整体效果。同时,在高校的发展中,学生群体发生变化,不同学生对思政教育的需求不同,想要保证高校思政教育的效果,必须加大创新思政教育的力度,落实立德树人理念。

(二)满足商务英语教学的需要

商务英语作为高校比较重要的一门语言课程,对学生的未来发展有着重要的影响,需要将英语技能传授给学生,且需要向学生教授国际语言、国际文化,以及语言背后蕴含的文化道德观、价值观和人生观等。商务英语教学的内容较多,比如广告、外贸术语、商务函电、国际文化等。

(三)思政教育与商务英语教学相互促进

商务英语教学能够为思政教育提供新的教学途径,并创新教学方法,思政教育能够对商务英语教学的方法进行引导,促进学生形成健康的价值观念,实现两者的相互促进、共同发展。目前商务英语教学的方法呈多样化发展态势,常见

的包括多媒体教学、英语电影模仿、小组讨论、口语比赛等，能够与思政教育进行有效融合，从知识、素质、精神等多个方面对学生进行教育教学。教学过程能够体现学生的主体地位，调动学生的学习积极性，使学生能够保持良好的学习习惯。

四、课程思政视角下商务英语教学过程

（一）课程设计

课程知识目标：培养学生的商务翻译能力及商务英语综合运用能力，使学生具备扎实的双语功底和必备的商务知识；同时增强学生对文化差异的敏感性，处理文化差异的灵活性，提高跨文化交际能力，最终使学生具备独立从事商务翻译工作的职业能力。

课程的性质、教学目的与任务：商务英语翻译课程是商务英语专业的技术基础课程，通过培养学生掌握关键的翻译技能，引导学生进行大量的英汉互译实践，提高学生运用常用的技巧翻译商务文本的能力。在此过程中，深入挖掘商务英语翻译的课程思政内涵，提升课堂教学的育人功能，在专业技能训练中实现学生的全面发展，培养德才兼备的高素质商务翻译人才。商务英语语言和翻译教学内容与课程思政有机结合，让学生在掌握专业技能的同时提升自身修养，从理想信念、心理健康、文化自信、职业素养、工匠精神等方面实现对学生的价值引领和品格塑造。

理论教学部分：了解英汉两种语言、文化对比的相关知识，了解商务英语翻译词汇特点、翻译原则，掌握商务英语翻译的基本方法、技巧，掌握几种主要商务文本的语言特点及翻译方法。在介绍词汇、句式结构时，增加中国文化内容相关的表达，在"量"上进行语言输入，增加学生的词汇积累；引入的内容应以反映中国传统优秀道德品质和当代中国发展面貌为主题，在"质"上引导学生明是非、辩对错，理解、坚守社会主义核心价值观，坚定"四个自信"。

实践教学部分：通过课前、课中、课后，个人学习、小组讨论、集体评价等方式，进行大量相关文本的翻译、对比、纠错、反思，学以致用，巩固所学技巧，将理论知识运用到实践中。在语言输入的基础上进行有效的语言输出，如让学生进行中国传统德育小故事及中国时事政治的英译，用英语传递中国声音，讲述中国故事，培养学生的人文素养。

（二）课程内容

在了解英汉语言文化对比和商务英语翻译原则的基础上，提出对译者的要求，即要具备工匠精神。培养敬业、精益、专注、创新的工匠精神，不断学习中西方在地理环境、历史文化、宗教文化、思维方式、价值观、风俗习惯等方面的差异，坚持忠实准确的翻译原则，在专业领域孜孜以求，不惧艰难，苦苦钻研，追求不断完善译文的最高境界。

课程内容根据九种不同类型的商务文本进行安排。通过翻译广告词，体会真善美的事物对人们的积极影响。通过学习名片和商标这类商务英语翻译中比较短小的翻译文本，了解在翻译时应高标准、严要求，不断打磨，精益求精。学习标识语，了解其指示性、提示性、限制性、强制性的特性和功能，体现了社会文明和生态文明对人们言行的要求。掌握企业常规简介的各个方面，在理解其所要表达的企业文化内涵的基础上，处理英译汉时长句的分译，及汉译英时短句的合译这两个难点。通过翻译产品说明告诉用户怎样正确使用产品，不同文体和结构特点均以诚实守信为原则。通过制作简历及对简历中工作经验的翻译，讨论跳槽的目的，理性分析跳槽的利弊。旅游翻译要求高度专业化和职业化，还包含诸多文化因素，通过介绍中国相关传统文化，实现沟通的目的。了解企业承担的社会责任，分析企业营销策略的经济效益和社会效益，判断营销策略的成功与否。国际展会是世界人民互相交流学习的平台，通过多元化的会展文本的翻译，采他山之石的同时，向世界介绍中国。

（三）课程考核

本课程采用形成性评价模式，不单独考核课程思政部分，而是与课前预习、课堂活动、课堂测试、课后作业等紧密融合，使思政考核无痕融入课程全过程。课程整体考核的关键在于事先设计好考核目标、考核内容和考核方式，通过案例分析、动手实操、小组比拼等方式，让学生结合所学知识和自身实际，进行各种商务文本的翻译和纠错，将对知识的考核与职业道德、专业认知、工匠精神等有机结合。

（四）教学成效

通过课程的学习，学生明确了努力方向，不断完善自己的知识体系，关心国内外时事，提升人文素养，为成为一名合格的译者而努力；能明白只有肯钻研，才能做到精益求精，成为行业佼佼者；懂得只有本着诚实守信的原则，忠实地进行翻译，切忌浮夸，才能避免产生纠纷；了解了职业道德规范，结合人的全面发展，初步明确专业发展方向；树立正确的社会观、价值观，能对企业营销策略做出合理的评价；通过模拟国际展会，在任务型交际情境中，完成展会文本的翻译，实现交流的目的；不断学习与中国传统文化相关的表达，学会用英语讲述中国故事、中华优秀传统文化，从而树立文化自信。通过贯穿课程始终的小组活动，使得翻译技巧学以致用，对已学知识温故而知新的同时，培养了团队合作精神、竞争意识、创新意识。在已经开始的实习工作中，以严谨的态度对待每一份翻译文本，以孜孜以求的精神完善每一份译文，在每一次翻译中有所收获。

（五）教学反思

课程思政与商务英语专业课程的融合对英语专业教师提出了更高的要求。作为课程思政的课堂实施者、引导者、组织者，教师应该首先树立坚定的理想信念，坚持学习党的政策、时事政治，不断提高自身素质，言传与身教并重，为人师表，用自身高尚的道德情操和人格魅力滋养学生。坚持终身学习，夯实自己的专业基础，汲取新知识，接受新事物，始终保持思想的活跃与进步。要深刻认识到每一门课程都具有育人功能，深挖每门课程的思政点，创新教育教学理念，研究教学新模式，不断探索课程思政与专业课程有机融合的途径。

五、课程思政视角下商务英语教学策略

将课程思政理念融入商务英语教学，是指在商务英语专业课程的教学中，既要加强语言技能和商务知识的训练，又要融入思想政治教育，帮助学生塑造科学的思维方式、高尚的道德情操和正确的价值观，既要进行知识传授，又要坚持价值引领。

（一）开阔学生视野，培养理想信念

所谓国际视野是指学生在学习过程中能够跨越国家和地理的维度，从国际发展的角度对问题进行分析的英语思维能力。在当前，很多国家在发展教育的过程中，将培养学生的国际视野作为基本的教育目标之一。在推动"课程思政"理念融入与商务英语课程的过程中，培养学生的国际视野既要促进学生爱国主义思想的发展，同时也要拓展学生的英语视野。我们可以在商务英语课程内容中添加国际新闻的主要内容，使学生在解读新闻内容的过程中，养成良好的国际意识。

（二）运用"英语+商务+思政"模式

1."英语+商务+思政"模式的内涵

目前，我国已有300多所高等院校开设了商务英语专业，这一专业与传统意义上的英语专业相比，具有针对性强、综合性、应用性强等特征。该专业开设的目的就是培养出更多道德素养较高、掌握更多英语知识和相关技能（国际贸易、国际营销、电子商务）的人才，这些人才能够在将来从事跨境电商、营销、商务管理、进出口贸易、商务翻译等工作。因此，"英语+商务+思政"模式通过将英语知识、商务知识和思政知识等有效衔接，以全面培养复合型、应用性强的人才，为国际贸易领域和商务外语领域输送更多人才。

而在商务英语专业教学中开展思政教育，其重要意义表现在：（1）代表着国家的形象。商务英语专业的学生毕业后从事的工作主要是国际贸易和国际经济等，作为直接的参与者，其在一定程度上代表着国家的形象。（2）文化冲突。商务英语专业学生在日常交往和交流中，会面临中西方文化差异，由于这些学生的价值观念还没有完全形成，很容易受外来思想的影响，在辨别上出现错误，造成认知上的偏差。"英语+商务+思政"模式"的融入能够帮助学生坚定信念，建立正确的价值观念，增强文化自信，客观对待中西方文化冲突，赋予学生文化鉴别的能力。（3）人格的塑造。思政教育对健全学生的人格发挥着重要作用。英语内容、商务内容和思政内容的融合，能够达到润物细无声的作用，帮助学生在课程学习中掌握更多的能力。

2."英语+商务+思政"模式的必要性

（1）"英语+商务+思政"模式是开设商务英语专业的基本要求

随着全球化进程的加快，国家相关部门积极落实和实施人才培养战略，要培养更多英语能力强、商务专业能力强的高素养人才。这就需要商务英语专业开设时以其作为教学目标，在"英语+商务+思政"模式上下足功夫，改变传统教学模式，加强商务英语专业内容中思政教育力度，全面培养学生的国际意识，开阔学生的国际视野，实现商务英语专业的学生与国际接轨，增强学生的竞争意识和责任意识。

2020年发布的《商务英语专业本科教学指南》（以下简称《指南》），对高校人才培养和课程的建设问题等提出了新的见解和方向。《指南》也对当前商务英语专业人才培养提出了更多的要求，商务英语教师需要结合《指南》中的要求，对自身教育教学进行反思，在做好教学改革的准备后，将思政教育渗透在英语课程和商务课程中，在全面践行社会主义核心价值观基础上，培养商务英语专业学生的国际合作能力、跨文化交流能力，打开学生的国际视野，为更多外贸企业做出贡献。因此，"英语＋商务＋思政"模式实现了全程育人、全方位育人，这也成为当前商务英语教学的难点和重点。

（2）满足人才培养的要求，弥补思政元素的缺失。

传统商务英语专业教学以"就业"为导向，更强调提升学生的职业能力，尤其是在评价时主要对学生就业能力等展开多元化评估，从而形成"以学生为中心，采用多种手段评估学生就业情况和职业能力养成"的教育理念。但是这种过于重视职业能力培养的教育模式并不能促进学生的全面发展，也不能满足当前社会对于人才提出的各种需求。因此，在当前的商务英语教学中，应用"英语＋商务＋思政"模式十分必要，通过思政学习，在商务英语实践活动中提高学生的能力，进而培养出更多复合型人才，使得当前商务英语专业教学满足时代发展趋势。

（三）渗透民族文化，形成协同育人

优秀传统文化是一个民族在漫长发展过程中积累起来的精髓，是学生树立文化自信的基础。从商务英语课程教学的角度来看，要想推动课程思政理念与商务英语课程的有效融合，渗透优秀的民族文化是必不可少的。那么教师在商务英语课程教学过程中可以采用课堂活动的形式，将优秀民族文化与英语课程教学活动进行有机结合，从而形成协同育人的效果。比如说，指导学生进行商务英语翻译的知识学习活动时，可以组织学生开展"优秀文化内容翻译竞赛"的课堂活动。在课堂活动开展之前，根据不同学生的英语基础和个人性格特点进行竞赛小组的划分，然后通过多媒体教学平台依次为学生展示我国儒家传统思想中的主要内容，比如"自古皆有死，民无信不立""岁寒，然后知松柏之后凋也""君子爱财，取之有道"等，然后组织学生进行翻译比赛活动。学生能够在翻译过程中自觉整合中西方文化中具有相同哲学思维的句子，并且在文化对比的过程中对普世文化的价值观念和跨文化交际的观念形成正确理解，从而养成良好的文化自信。

（四）提升商务英语教师课程思政能力

课程思政理念融入商务英语教学的关键在于提升教师的课程思政能力。教师要树立终身学习目标，不仅要不断提升教学和科研能力，还要更新学科知识，提升政治素养，通过多元途径学习社会主义核心价值观，坚定理想信念，用高尚的道德情操去感化学生、影响学生。教师要自觉守好一段渠，种好一段责任田，确保商务英语专业课程与思政课程同向同行，形成协同效应。一线教师可以定期研讨，开展商务英语专业课的课程思政工作；加强团队合作，挖掘商务英语专业课中的思政元素，分享课程思政案例和课程思政建设经验，积累优秀的课程思政案例，形成课程思政课程链，院系内部形成良好的思政氛围。

（五）提炼思政元素，优化教学设计

商务英语专业课课程思政的教学设计可以采用传统讲课、案例分析、对比分析、小组讨论等多种课堂模式，挖掘、提炼教材中的思政元素，优化课程思政教学设计。坚持中西方文化对比分析，帮助学生认识中西方文化的差异，并深入了解中华优秀传统文化，坚定文化自信，培养和提高跨文化交际的能力。可以坚持课内与课外、线上与线下相结合的方式，例如：课前预习和课后拓展可以在"线上"进行，课堂讲授和学生的成果展示可以在"线下"进行。充分利用各种教学网络平台，引导学生思考，帮助学生在学习语言知识和商务知识的同时，不断提高自身能力，树立正确的人生观、价值观和世界观。

（六）建立信息系统

信息系统能有效保证课程思政体系信息传导。课程思政体系能否真正地运转起来，有赖于建立一个全面的信息系统，确保教学指导委员会、教学改革研究部门紧密地对接教师的教学，能够联系广大学生掌握学生思想动态，对教师教学质量及学生的学习效果进行评价。另外，通过这样的网络系统，教学指导委员会、教学改革研究部门都能够有效和外部机构沟通交流，获得最新的行业信息。

具体来说，信息系统包括以下部分。

1. 融媒体体系

融媒体系统即院校专门组建的院系宣传平台，包括微信公众号、今日头条、快手、抖音、微博、博客等，通过这些平台紧密地将师生联系起来，在平台上观察师生对课程思政的具体落实效果的评价。

2. 院校官方网站

高校需要想尽一切办法引导师生登录官网，并在这里进行探讨，形成浓烈的思政学习氛围。这其中需要教学指导委员会发布参与度较高的话题，吸引学生和教师登录官网参与辩论；或者通过官网发布有关于思想方面的活动主题，吸引学生和教师参与活动。

3. 院校图书馆

高校图书馆是学生的第二课堂，学生在此阅读和学习，通过对图书馆的馆藏利用统计可以明晰学生在课外阅读方面的倾向性。而且经过认真地分析相关数据，还能动态更新馆藏，引导学生阅读，将思政内容的书籍融入进去。

（七）建立有效的评价机制

建立立体化、系统化的有形评价机制，对无形"课程思政"的效果进行测评。思想政治教育是一种隐形的内在的教育，商务英语课程是否实现了课程思政的目标，课程思政的教学设计是否有效，取决于学生在学完课程后，是否能将所学知识吸收并长期内化，是否能在思想和行为上产生积极的变化，这种变化很难用量化的形式进行衡量。可采用过程性考评和形成性考评相结合的考评方式。商务英语专业课程，例如"综合商务英语"课程，可采用个人课堂陈述、英文演讲、小组讨论结论汇报、学习心得体会撰写、PPT 制作、手抄报陈列等形式展示学习成果，进行过程性评价可以采用形成性评价对学生每个单元学习过程中的表现、参与课堂活动或者课外作业所取得的成绩、学习中所反映出的情感变化等方面做出评价。可采用学生自评的方式，让学生从被动接受教师的评价转变成为评价的主体，自愿积极参与自我评价。可以采用同伴互评的方式，将班级划分为若干独立的学习小组，依据教师制定的标准，小组成员之间进行相互评价。在学生自评和同伴互评的同时，教师评价也很重要。对于学生学习的全过程，教师要进行持续的观察、记录和反思，并给出具体的、有针对性的评语，帮助学生形成正确的自我认识，从情感上激励学生学习。也可以采用问卷调查的方式，了解学生在学习中的体验，找出教学设计中存在的问题和不足，及时进行调整和修改。总之，评价机制需要将思政元素与语言知识、商务知识相结合，既有显性知识的测评，也有隐性的思想考核。

第四节　产出导向法视域下商务英语教学

随着经济全球化的进程不断加速，现代社会对大学生英语的要求也越来越高，英语也成为高校必备的专业或科目。而商务英语专业作为高校的热门专业之一，对于培养应用型人才和提高大学生英语能力起着重要作用。近几年来，产出导向法是商务英语教学中最受欢迎的一种教学方法，其注重教学过程中的学以致用并以产出为导向，特别适用于当下高校的商务英语教学。

一、产出导向法理论分析

"产出导向法"（Production-oriented Approach，简称 POA）是以文秋芳为代表提出的外语教学理论，主张通过学生的产出或输出，驱动语言学习。该理论最初源于文秋芳 2008 年提出的"输出驱动假设"，这一假设当时针对的是英语专业技能课程设置和教学方法改革，随后拓展到了大学英语教学领域；同时文秋芳强调与输入相比，输出在外语学习中具有更强的内驱力。后来，这一假设被修订为"输出驱动——输入促成"假设，并于 2014 年在第七届中国英语教学国际研讨会上正式被命名为产出导向法，也就是 POA。2015 年，在具有里程碑式意义的《构建"产出导向法"理论体系》一文中，文秋芳从教学理念、教学假设和教学流程三个方面构建了产出导向法的理论体系，并将其中的教学流程划分为"驱动""促成"和"评价"三个阶段。至此，这套"学用一体、文道相融、教师主导"的理论体系初步形成。POA 提出的"输出驱动"认为产出或输出既是语言学习的驱动力，又是语言学习的目标。一旦学生明确了产出任务的意义和自身的不足后，会更积极主动地为完成产出任务而进行输入性学习，以弥补自己的不足。

产出导向法创建的初衷旨在推进我国大学英语的课堂教学，时至 2020 年，这一理论已经形成完整的理论与实践体系。在 2020 年 10 月召开的第九届中国英语教学国际研讨会上，文秋芳研究团队分享了 POA 运用于听力、写作、口语和阅读等课程的教学成果。不难看出，POA 在理论建构日益完善的同时，已更具教学实践性。探讨 POA 通过驱动、促成与评价促使学生完成系列产出任务，从而培养商务英语专业学生的语言应用能力，提升综合素养，发挥课程育人的功能，有效实现课程的建设目标。

产出导向法强调，教师需重视学生在商务英语学习过程中的产出，充分挖掘学生的学习动机，让学生参与整个商务英语的教学过程，从而全面提高学生对于商务英语的学习能力和实践运用能力。产出导向法运用"输出—输入—输出"的顺序模式，促使学生在学习的过程中发现自身存在的问题并解决问题，从而有效促进商务英语语言的输入，最终获得较高的学习效率和成果，使得学生具备英语输出的能力，实现用英语无障碍交流。

产出导向法不仅注重产出的过程，而且还重视产出的结果，其教学理念是突出有效学习的发生。在教学改革中应用产出导向法，能够提升教学效率，促使教学内容能够在实际中得到更好的应用。在教学过程中，教师要结合教学目标，选用最适合的方式实现目标。针对当前商务英语视听说教学中出现的学习与应用相脱离的问题，产出导向法提倡的方法是一边学习一边巩固和应用，将知识学习与知识应用结合起来，将输入性学习与产出性应用紧密结合起来，从而实现应用型人才的培养目标。

（一）POA 教学理念

POA 理论体系由教学理念、教学假设和教学流程三部分构成，其中教学理念是指导思想，教学假设是理论支撑，教学流程是教学实现方式。而作为教学主导的教师则要在教学过程中发挥主导作用。POA 教学理论包括"学习中心、学用一体、全人教育"（图 4-4-1）。

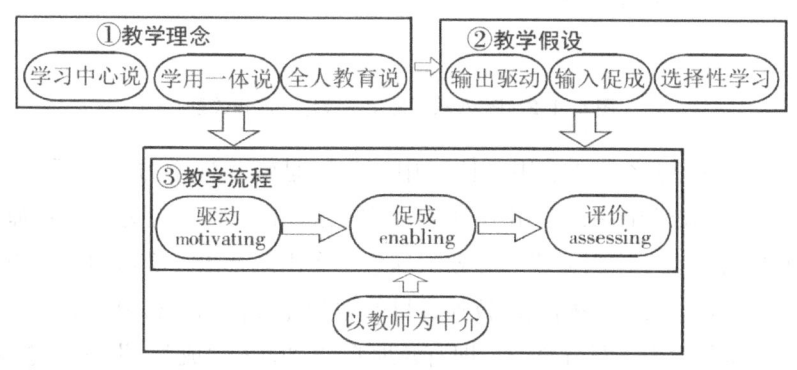

图 4-4-1　POA 理论体系

"全人教育说"指出，外语课程不仅要实现提高学生英语综合运用能力的工具性目标，而且要达到高等教育的人文性目标。商务英语专业《教学指南》指出，培养学生具有正确的世界观、人生观和价值观，良好的道德品质、中国情怀与人文素养；熟练掌握语言技能与专业知识，具有良好的商务英语运用能力和终身学习的能力。

因此，POA"全人教育"教学理念与《教学指南》的育人指导思想完全吻合，也是"综合商务英语"课堂教学设计的指导思想。教师主导参与的课堂教学设计，不仅要培养学生英语语言的综合应用能力，也要以立德树人、实现人文培养为目标。

（二）POA 教学思想—理论—流程关系

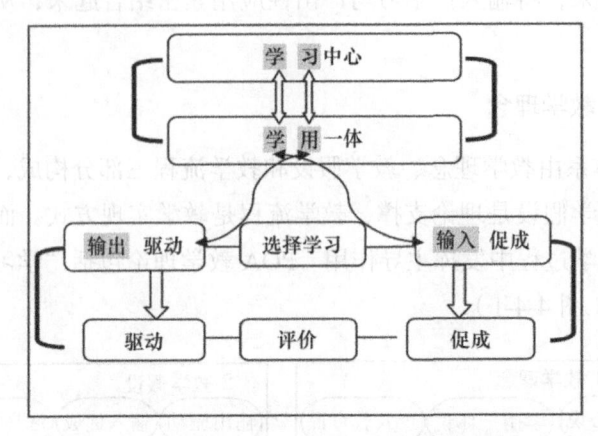

图 4-4-2　POA 教学思想—理论—流程关系

POA 教学思想之一"学用一体"中"学"是输入性学习，"用"则是指知识"产出"，即在学中用，在用中学，学用结合，相互促进。为此，教师应构建出"输出驱动"与"输入促成"的教学理念：产出既是语言学习的驱动力，又是语言学习的目标。在此基础上，教师有目的地预先提供输入材料，引导学生完成驱动活动，而非学生无目标学习，即有效地实现"输入促成"。此外，"选择学习"则充分反映了语言学习的实践性和语言学习者的学习主动性，充分体现"学习中心说"。

POA 认为每个课堂都包括若干个驱动任务，每一个驱动任务均包括三个教学环节，即驱动（motivation）、促成（enabling）、评价（assessing）。同时，教师的主导中介作用将贯串三个教学环节，从而关注教学动态、监控教学活动、保证教学质量。

（三）POA 商务英语教学模式

文秋芳（2020）在对"产出导向法"教学流程解读时将"学习中心说""学用一体说""全人教育说"三大理念环环相扣，道出了语言学习过程中学生、教师的具体定位：学生是学习的主体，教师在学生语言学习过程中起引导作用，可通过创造情景化学习模式，激发学生兴趣、打开学生语言学习大门。自主学习、高效学习、产出学习，是 POA 理论框架下的情景教学实践商务英语学习模式（表 4-4-1）。

表 4-4-1 基于 POA 的商务英语学习模式

教学理念：学生学习输出	学习中心论	自主学习模式
教学假设：学生输出驱动	输出促成法	高效学习模式
教学流程：教师动态评价	多元评价法	产出学习模式

基于产出导向法的模式，自主学习、高效学习、产出学习有利于学生商务英语能力的发展和英语逻辑思维跨度的转变，以摆脱应试教育下英语学习的传统模式与刻板记忆。在教师为行为主体的教学产出导向法的理论基础上（教学基本理念、教学过程假设、教学工作流程），紧随信息技术发展，充分利用好网络平台资源，将其融入自主学习、有效学习、产出学习。新形态下的学习资源众多，学生可以依据个性发展需求，选择相应的高质量教材作为辅导，吸取本商务英语专业最新理论及研究成果，不断提高产出创新能力，开发语言学习新模式。在 POA 理论的指导下，此方式可以有效促进商务英语口语能力实现质的飞跃，培养学生形成良好的英语思维辩证能力。商务英语是一门商务与英语相结合的学科，而商务的概念赋予了该学科所需的场依存性的要求，这一要求与文秋芳（2015）POA 理论中场景教学法的主要内容相契合。

二、应用产出导向法教学的原因

（一）消除了传统教学模式的弊端

传统的商务英语教学模式主要是以教师授课为主导，造成学生被动式学习。而商务英语专业利用产出导向法进行教学则消除了这种模式的弊端。产出导向法这种教学模式更注重产出，同时在教学过程中又注重学生的输出能力，所有的教学活动都以商务英语这个行业为目标进行。教师在教学过程中不再只注重备课和课堂知识的讲解，更侧重培养学生学习英语的积极主动性，注重激发学生的兴趣，并让学生充分认识到哪些方面的知识掌握不足。

（二）产出导向法的学用一体，利于学生全面发展

产出导向法以学用一体为主要教学目标，即把教学和应用相互结合起来，倡导学生学以致用。大学生选择商务英语专业的主要动机是为了日后更好地就业，所以，只有让学生在学习过程中获得最真实的职业体验，才能最大限度地激发学生的求知欲，从而提高学习效果。产出导向法倡导的学用一体思想，可以让学生

在学习商务英语的同时，把它运用到真实的场景中，做到学以致用。这不仅实现了学生英语语言的成功输出，更加有利于学生的全面发展。

三、POA商务英语课程中的应用

商务英语存在于各个高校的专业范围内。商务英语专业课程旨在培养学生的英语综合语言能力，提升学生的人文素养，从而实现立德树人的培养目标。但其教学结果却一直令人担忧。很多商务英语专业的大学生在学习了这门课程后，并不能学以致用，有的平时在课堂上都不敢张口说出流利的英语，更无法满足职场对商务英语的需求。产出导向法尤为注重对大学生的英语表达能力输出的训练，并将商务英语课堂分为驱动、促成及评价三个环节进行教学，促进了商务英语专业传统模式的教学向创新型模式的演变。但要想在商务英语专业的教学中充分发挥产出导向法的优势，培养更多专业的人才，也需要对其进行深入研究探讨。

（一）驱动阶段

商务英语专业应用产出导向法展开教学的初始阶段就是驱动环节。与传统任务型教学法（TBLT）课前lead-in或warm-up教学环节不同，POA在总体驱动阶段，教师需要让学生了解商务英语这门课程所要学习的全部内容，即明确教学的产出任务和产出目标，以此来促使学生对其自身的学习任务有清晰的认知，使其在学习商务英语中产生一种内在的驱动力。教师向学生展现产出任务的场景四要素（目的、话题、受众和场合），让学生理解完成产出任务的必要性，然后解释产出任务的具体要求，接着让学生尝试进行产出任务。课前情境预设与驱动环节具有创意性、真实性和挑战性，教师要根据单元的主题设计情境，所设计的情境既能调动学生的学习积极性，也要具有一定的难度要求，对学生而言具有挑战性；既可以使学生了解产出目的，也可以使得教师有目的地开展教学。学生在尝试完成任务的过程中，无疑会发现自我语言表达、认知水平方面的不足，从而产生学习欲望，其学习的主动性和积极性也因被激发出来。因此，情境预设旨在使得学生有"知识饥渴感"，而非饱腹感，是驱动环节乃至整个课程成功的关键。

除此之外，在驱动阶段这一教学环节中，教师也应当充分发挥自身作为一名教师的引导作用，引导学生把课堂上所学到的商务英语知识在真实场景中进行应用。在实践活动结束后，教师再将具体的教学目标和任务向学生阐述，从而让学生正确客观地了解自己学习这门课程的真正目的和意义。

（二）促成阶段

促成阶段是商务英语专业在应用产出导向法教学的第二个阶段。在这一阶段，教师首先要明确自身的职责所在，充分发挥出教师的引领作用，确保学生可以有效获得商务英语的输入性信息。其次，教师还应引导学生结合自身需求来学习相应的知识，从而提高学生自身的学习绩效。

"促成"是课程设计的核心，包括四个环节：（1）教师描述产出任务，学生了解任务的目的与要求；（2）在完成促成任务的过程中，学生可以根据自身需求，从输入中汲取所需知识，即选择性学习，教师在促成任务过程可以进行即时评价与反馈；（3）学生完成促成任务，同时应强调的是学生可以将选择性学习成果运用到最终的促成任务中；（4）教师对于最终完成的促成任务给予指导，亦须进行即时评价。

由此不难看出，所谓"促成"即是通常意义的课堂教学环节或课堂活动，包括单个或若干个产出促成任务。因此，实际课堂中，针对不同的任务也就循环重复"促成"各环节。有效地促成任务考量的不仅是语言知识与语言运用能力，同时也考量学生的认知水平。因此，通常意义上说，完成促成任务需要包括内容、语言形式、话语结构和思维方式。学生学习课文的目的不仅仅是学习课文知识，还应该将课文作为一种学习方法，通过英语学习完成产出任务。

（三）评价阶段

评价阶段是商务英语专业应用产出导向法进行教学的最后一个环节。在这一阶段中，教师需要对实际展开的教学活动做出客观、公正并具有综合性的评价。在评价这一阶段的教学实践环节中，具体的评价工作主要包含即时评价和延时评价两个部分。即时评价的重心在促成阶段中。学生在有针对性地对商务英语展开学习和实践活动过程中，教师需要即时对学生在这个过程中的学习成绩和表现做出相应的评价及指导。延时评价一般是在课堂任务完成后进行的。教师在完成课堂教学后，应给学生布置相应的课后作业，并且针对学生的作业完成情况做出相应的评价。

学生从即时评价中得到教师的评价反馈，了解并学习语言形式、表达内容或话语结构是否正确；而延时评价则更适用于语篇结构、语体形式和思考角度的评价。

四、POA 商务英语教学效果

基于产出导向法的商务英语教学在以下两个方面均产生了积极影响，教学效果比较理想。

（一）在学生语言产出方面的积极影响

和传统教学法相比，产出导向法帮助学生更好地掌握所学的语言项目，并且语言产出的质量也更好。原因之一是教师不仅让学生背诵和主题相关的单词和词组，还提供更多相关的词组和句型供学生参考和学习，并提供相关的文章、音频和视频等大量的输入资料，再加上补救性教学，可以帮助学生更好地学习语言并产出成果；原因之二是教师布置了四个子任务，由易到难，并且全程给予指导，方便学生一步步深入地学习和产出；原因之三是各个子任务的形式不一样，有在线讨论、阅读理解、口语练习、听力练习等，既有个人呈现，又有小组呈现，因此能够全面提高学生的语言能力，并提高学生的学习积极性。总之，使用产出导向法后，学生能够学以致用，学生的学习动力更强，并通过"选择性学习"使得输入的针对性更强，避免了学用分离，学生的学习效果因此更好。

（二）在学习者内在因素方面的积极影响

首先，产出导向法会激发学生的"饥饿感"。在驱动环节，教师会布置任务让学生努力去完成。在完成的过程中，不少学生会有力不从心的感觉，希望能够接触更多的相关资料来帮助自己完成这些任务，从而产生学习的"饥饿感"，对未来的学习有所期待。

其次，产出导向法会降低学生的焦虑心理。部分学生英语水平不够好，即使教师布置的任务难度不高，也总会有一部分学生没有能力独立完成任务，从而产生焦虑心理。而产出导向法自始至终强调了教师的"中介"作用，在各个环节都为学生提供各种形式的帮助，因此学生不会产生无法完成任务的恐慌心理。

最后，产出导向法会提高学生的自我效能感。自我效能感指的是对前一阶段任务的体验会影响下一阶段的任务完成的信心。教师在运用产出导向法时，往往会从易到难布置几个子任务，而每个子任务的完成都会给学生带来成就感，自信心会逐渐增强。部分学生英语成绩不太好，因此会觉得"我的英语很差"，破罐子破摔。但是随着一个个任务的完成，他们会逐渐改变这种心理，自我效能感会逐步提高，不仅增强其学习英语的自信心，而且会增强其学习其他学科及为人处世方面的自信心。

五、产出导向视域下商务英语教学问题

商务英语的专业性比较强,是专门用途英语之一,注重让学生运用语言实现既定的目标。商务英语专业已经开设了十几年,目前已经有三百多所高校的英语专业向应用复合型专业转型发展。但是在转型发展过程中,商务英语教学出现了诸多问题,比如课程目标不够明确、教学模式不够新颖等,难以满足实际工作和社会需求。因此,要想让培养出的商务英语专业毕业生就业时能够具有综合竞争力,需要正确认识到当前商务英语视听说课程教学中存在的问题,商务英语教师应当根据这些问题积极探索有效解决路径。

(一)课程目标不够明确

高校课程通常是与国家发展有密切联系的,教育教学的目的是为我国培养应用型的储备人才。与发达国家相比,我国对外贸易发展比较晚,所以我国高校商务英语的发展还处于初级阶段,而且发展过程比较缓慢,当前课程教学中存在诸多不足。其中课程目标不够明确就是一个非常突出的问题。2021版商务英语课程大纲虽然罗列了商务英语专业的英语知识目标,但是对技能等方面目前的要求不够明确。

(二)课程内容不够丰富

在商务英语教学中,教材对教学效果有着直接影响。但是该课程的专业性比较强,课程缺乏趣味性,学生难以将注意力集中起来,加上教材内容知识比较生硬,没有与现实生活紧密联系起来,导致这些内容学习起来有较大难度,学生难以很好地适应。同时,我国商务英语发展比较慢,一本教材上的知识内容难以满足学生的学习需要,而且在教学设备和教学资源方面还受到不同程度的限制,使得商务英语视听说教学环境的设置有很大的局限性。教师只能根据课本内容,在教学课堂上展示,无法为学生提供真实的商务英语学习环境。在课堂教学结束后,虽然学生从课本上获得了一定的商务语言知识及商务知识,但是应当如何将所学知识应用到实际的商务环境中,对学生来说有较大的难度,导致学生的知识应用能力比较差。

(三)视听说训练无保障

商务英语视听说教学主要以培养学生的商务洽谈能力为目的,通过系统化的有针对性的视听说训练,将学生培养成高素质的应用型人才。对于大多数学习商

务英语的学生而言，在目前商务英语的教学安排中，很少有与商界沟通交流的机会，而且专业教学中关于视听说训练的教材和课时都比较少，学生所能学习到的听说训练是非常有限的，导致他们的听说能力并不强。

（四）教学方式不够新颖

当前很多商务英语教学过程中，教师仍然是以输入为主开展教学活动，在课堂教学中仅仅是按照系统操作授课，并没有对商务文化背景进行重点讲解，使得专业知识内容与商务背景相互脱离，难以激发学生的学习兴趣，不能很好地提升学生的学习效果。此外，课堂教学方式还比较单一，涉及的视听说训练比较少，缺少训练实践活动，导致商务英语教学与听力教学没有太大差别，从而难以将学生的学习兴趣激发出来，学生参与教学活动的积极性不高。

（五）考核方式不够科学

目前商务英语课程的考核方式仍然是终结性考试。学生的考试成绩在考核中占有很大的比例，这对于英语口语应用型学科的商务英语来说，考核方式存在很大的不合理性，对学生的听说能力提升有一定的阻碍作用。

（六）师资力量不足

商务英语教学当前面临着师资匮乏、教师专业教学能力不足等问题。在商务英语授课过程中，一些英语教师仍然采用传统的教育观念，缺乏相关商务知识和经验，而一些商务英语专业教师在专业英语知识方式还有待进一步提升。

六、产出导向法优化商务英语教学对策

（一）创建和优化课程设置

产出导向法如要应用在商务英语专业的教学中，就必须要保证商务英语在课程设置方面的整体结构性。选择商务英语这个专业的大部分学生都是为了后期便于就业，因此，商务英语专业在课程设置方面，除要设立专业课外，还应该把握市场的需求，设置一些方便大学生今后就业的课程，如商业英语的就业指导课程、商务礼仪及商务技巧课程等。各大高校应根据现代社会和企业对商务英语专业人才需求的变化，不断调整该专业有关课程的设置。

在商务英语课程改革过程中，需要坚持以社会和企业对人才的需求为出发点，根据教学大纲的要求，设定清晰化的课程目标，将商务英语课程目标具体化。要

求每一位商务英语教师明确自身的教学任务和教学目标，并且根据精细化的教学目标开展教学活动，不断提升学生的能力，为该专业培养优质的应用型人才，促使他们更好地满足社会和企业需求。

设置商务英语专业课程内容时，高校教师需要注重教学内容的相关性和实用性。只有具备了专业知识，学生才能更好地掌握商务方面的技巧，从而进行合理的听说训练，巩固所学专业知识。同时，教学内容要尽可能生动形象，因为商务英语课程的专业性比较强，学生在学习过程中容易分神。由于我国商务英语发展比较缓慢，仅仅依靠一本教材是远远不够的，教师应当根据教学内容，利用互联网积极查找相关教学资源，并且将这些资源整合起来，满足学生的学习需要。教学资源的选择对教学内容有直接影响，因此所选教学资源需要充分考虑社会需求和就业岗位实际需求，以此为产出导向，并在此基础上讲解相关理论知识，从而激发学生的学习内驱力，提升教学效率，不断提高学生的运用能力和工作能力，让学生可以在对外贸易中运用所学商务英语知识应对不同的商务环境。

（二）开展丰富多彩的商务英语活动

在完成了商务英语的课堂学习后，教师应及时组织学生展开实践探究活动。在开展实践活动中，培养学生对于商务谈判、英语翻译及口语交际能力的输出，从而促使学生将自己在课堂上所学到的知识转化为技能，真正运用到生活和职场中。另外，教师也应注意活动的开展是否结合了教学内容和教学目标。教师可以把学生进行分组，并选出组长，组长再以抽签方式，将自己的组员进行两两划分，确定每个小组在商务谈判中所扮演的角色，并梳理清楚话术进行商务场景演练，教师在旁边当"评委"，对学生的商务谈判思路及能力进行一对一点评。该教学策略旨在让学生在真实的情景演练环境中形成任务输出。因为学生在实践活动中会面临各种各样的突发状况，所以通过实践活动，学生可以深入了解运用商务英语在进行商务谈判时的必备技能，并且有利于锻炼学生的随机应变能力。

（三）运用多元化的教学方法

在实际授课过程中，教师需要根据课程特征，运用多元化的教学方法。为了提升课程的趣味性，教师可以运用多媒体教学方式开展教学活动。教师要提前做好多媒体备课，通过多媒体设备为学生提供图片、声音等信息，提高教学信息的全面性，为学生营造出与教学内容相关的场景氛围，让学生主动融入教学中，促使学生在参加正式的商务活动时，可以减少紧张感，让学生更好地掌握相关技巧。

其中语音室是商务英语教学非常重要的场所，可以锻炼学生的视听两方面能力。在语音室内，教师可以操作室内的多种设备，让学生跟着教师的上课内容走。教师可以为学生播放商务活动片段，锻炼学生的听力能力，提高课堂的生动性，调动学生的主动性和积极性，提高学生的学习效果。

此外，学生可以利用语音室中的设备进行自主学习，根据自身的实际需要选择想要学习的模块，从而更好地满足学生的不同学习需求。商务英语是一门偏实践性的课程，在教学中教师要时时关注学生，及时发现学生学习中的问题并进行积极指导，才能让学生的口语得到很好的锻炼。在课堂教学中，教师可以运用学习小组的方式开展教学活动，重点进行口语和听力教学，让小组模拟相关商务交流场景，并且进行小组交流。通过这种方式，为学生创设专业化的商务交流环境，不断提高学生的口语能力和听力能力。

（四）多方式科学开展教学评价

商务英语专业教学中应用产出导向法在进行教学评价这一环节，可以通过教师点评、同学之间互评以及学生自评等方式进行，这便于学生对自身的英语能力和教师的教学水平有一个客观公正的评估。一方面，教师在选择评价方案时，应该结合学生的实际情况，优先选择利于学生提高实践能力的方式。例如，在对学生翻译能力进行评价时，教师可给每位学生定一个翻译主题，要求学生在规定时间内提交自己的翻译文本，并在班级内一一展示。在这个过程中，教师应根据学生的英语表达能力和语言组织能力以及翻译技巧等进行评价，从而给学生打分。另一方面，教师还可在班级内，让学生将自己的翻译文本和前后桌进行交换，让同学之间互相点评，并提出修改意见。除此之外，学生还可利用主观意识对自己的作品进行适当的分析，标注出自己觉得不好或存在错误的地方，并进行修改和总结。

（五）利用情景化教学，创造英语交流环境

情景化教学是产出导向法在商务英语教学中应用的最具特征的一种方式。教师在商务英语教学中应为学生提供一个应用商务英语的真实场景。利用情景进行教学，可以为学生创造一个良好的英语交流环境，从而将学生带入真实商务英语应用场景中。例如，教师结合商务英语专业学生日后的就业方向，设置和工作岗位相关的一些运用场景，让学生提前运用日后相关工作岗位上会接触到的一些知识，从而提高学生运用英语的技能和学习能力。需注意的是，在利用情景化教学

的过程中，教师应确保商务英语应用的真实性，尽量还原商务英语在应用中的每一个细节。同时，在商务英语通过情景呈现的过程中，教师应及时讲解在场景中出现的词汇和句子，从而引导学生精准运用各种类型语句的正确表达方式。

产出导向法是目前中国最具特色的一个外语教学理论，对各大高校的商务英语专业应用型人才培养起着重大的作用。产出导向法的教学理念现阶段最符合高职商务英语人才培养的要求，学生可以通过"输出—输入—输出"这三个模式来获得更加专业的英语知识。总而言之，产出导向法作为一种新型的教学模式，应用在商务英语这门课程中，对于促进学生积极主动学习商务英语具有重要意义。但这一教学方法在实际应用中，教师要优化相关的课程设置，利用多种方式科学开展教学评价，并且利用情景化教学模式来营造一个良好的英语环境氛围，还原真实场景，从而提高学生的学习兴趣，且让学生主动参与教学活动中，全面提升自己，从而成为社会所需的人才。

（六）构建科学的考核体系

在应用产出导向法进行教学时，教师需要建立科学化的考核体系，采取过程考核与终结考核相结合的方式。过程考核主要是针对重点知识内容进行课程测验和阶段性测验，针对课程难点进行展示型评分，体现在教师评价和同学互评上，最后考核成绩通过考核系统统一发布。终结评价可以分为口试和笔试，考验学生听说能力和知识学习效果。在产出导向法的指导下，重点考核商务英语视听说课程的重点和难点，并且给予一定的评分，对阶段性学习成果进行跟踪性考核和过程性考核，不断提升学生学习的自主性和积极性。终结考核设计通过期末口试与笔试结合的考核方式，全方位测试学生的听说能力。根据剑桥考试中心认证的口语考试话题制定评分标准，全面考核学生对商务英语知识的运用能力。

（七）加强师资队伍建设

为了适应商务英语师资力量的要求，高校不仅要加强对师资力量的管理，还要重视教师的发展。一方面，在招聘教师时，需要设定好规则，严格遵守"严进"原则，确保具备较高专业水平和教学能力的教师进入学校教学，为学生提供最好的教育。学校可以根据自身发展情况颁布相关鼓励政策，吸引优秀教师加入进来。在教师正式上岗之前，要对其进行专业培训，不断提高他们的专业知识和商务知识。学校可以利用校内实训平台开发课程教学资源，也可以建设校外实习基地，进行双师型教师培养，不断提高教师的商务实践技能。

另一方面，针对教师的发展，学校应当为教师提供长远学习的机会，鼓励他们继续深造，提升他们的学历，确保他们具有多种复合知识，为学生提供高质量的教学。从教师自身角度来说，应当转变之前的教学观念，创新教学方式，在教学的过程中不断反思，及时发展自身的不足，并且积极改进。教师要加强专业知识的学习，不断提高自身的专业技能。要想提升教师的商务实践经验，学校可以从现有教师中选派青年教师到企业现场学习，提高教师的专业技能，积累丰富的实践经验。

第五章　商务英语语言与翻译多维探索

随着全球经济一体化趋势的不断加强,商务英语在国际贸易往来中被应用的频率越来越高,地位也在一次又一次的经济贸易活动中得到凸显,是整个国际商贸交易链条中不可或缺的重要工具。因此,从事有关国际贸易工作的商务人员或有意想要投身这个方向发展的高校学生,需要不断学习,深研商务英语中需要具备的语言文化和翻译技巧,从而为我国国际贸易的发展贡献力量。

本章主要论述商务英语语言与翻译多维探索,内容包括目的论指导下商务英语语言与翻译、跨文化语境下商务英语语言与翻译、商务英语语言与翻译人才培养和商务英语语言与翻译实践探究四方面内容。

第一节　目的论指导下商务英语语言与翻译

当今时代,中国改革开放进一步深化,世界经济全球化全面发展,我国与世界各国的贸易往来也大大增多。商务英语曾利用多个独立句子传达意义,现在则转变为以长句简约表达己方意图,以简单词语表达更深含义。因此,深入研究对方主要目的,并进行意义对应的翻译目的论就显得更加实用。

一、目的论相关理论

德国学者卡特琳娜·赖斯(Katharina Reiss)在其1971年出版的《翻译批评的可能性和限制》一书中发表了功能理论派的相关主张。后来,赖斯的学生汉斯·弗米尔(Hans J.Vermere)突破对等理论的限制,沿用莱特(Wright)的行为理论,发展并创立了翻译目的论(skopos theory),主张由翻译目的决定翻译策略,翻译是有目的的行为。Vermere(1978)在《普通翻译理论框架》一文中首次提出翻译目的论的基本原则,即目的原则、连贯原则和忠实原则。目的原则是目的论的最高准则,翻译行为都应受翻译目的的指导;连贯原则指译文要在目的语的语言环境中具有可读性；而忠实原则指译文和原文之间的连贯性，实现"语际连贯"，译文要忠实于原文。

随后，Reiss&Vermere（1984）合作完成了著作《普通翻译理论基础》。在该书中，他们把翻译当作基于原语文本的转换行为，而任何行为都是有目的的，因此翻译也是有目的的，能够在目的语文化中产生影响。此外，还有两位德国翻译理论家，贾斯塔·赫兹·曼塔利（Justa Holz Manttari）和克里斯蒂安·诺德（Christiane Nord）进一步发展了该理论。Manttari（1984）以行为理论为基础将翻译定义为"为实现信息的跨文化、跨语言转换而设计的复杂行为""只是以原语文本为基础的一种翻译行为"。而作为德国学派的新一代，针对弗米尔"目的原则"的不足之处，Nord（2001）提出了"忠诚原则"。

目的论原本为一种唯物主义哲学概念，后来有部分德国翻译家认为，该理论十分适于运用到翻译领域，该理论追求一切以原文为基础，仔细揣摩源文本遣词造句的目的。翻译目的论相对于"功能对等"理论而出现，功能对等理论追求将源语言的词句完全按原意代入，试图以此求得准确度。翻译目的论突破了传统的翻译观念，将翻译目的作为翻译活动的根本和决定因素，强调任何翻译行为都由翻译目的决定。

目的决定译者的翻译策略和方法，即目的原则。目的论重视译文和译文读者，强调译文在目的语语境中的可读性与可接受性，即连贯原则。忠实原则则强调译文和原文语际间的连贯。目的论以目的原则为根本法则，其他两条原则服从于这一根本法则。（1）目的原则（skopos rule）。翻译是一种要达到特定目的的复杂的行为。目的原则是任何翻译的首要原则，而翻译目的决定实现译文预期功能的翻译策略和方法，这是目的论的最高法则（Munday，2001）。译者应该在特定的翻译情景下合理确定他们的特定的翻译目的（Nord，2001）。（2）连贯原则（coherence rule）。连贯原则指语内连贯（intra-textual coherence），译文必须在目的语环境中是有意义的、具有可读性和可接受性。译文只有符合连贯原则，才能被目的语读者所理解和接收。（3）忠诚原则（fidelity rule）。也称为忠实原则，是指译文和原文之间应存在语际连贯（inter-textual coherence）。具体来说，译文与原文应在三个方面产生连贯：译者接受的原文信息；译者所解读的原文信息；原文为译语读者提供的信息（Munday，2001）。

目的论对于以往翻译理论的突破在于其不再将等值或者文本间的对等作为翻译的评价标准。在目的论的框架下，翻译的标准是合适（adequacy）而非等值（equivalence）；合适的译文是指译文要符合翻译目的的要求，并实现译文的交际功能。目的论丰富了翻译理论,使翻译研究增添了新的视角,同时对于实用文体翻译能够发挥更有力的指导作用。

二、目的论在商务英语中的应用

(一)目的性原则

商务谈判要经历长时间的拉锯,往往稍不注意会发展成为言语冲突,译员要根据说话方的真实意图和目的,进行正确判断,绝非简单地直译过去。

例1:如果你们没有诚意,我们就不做了。

译文1:If you have no sincerity, we will stop our business.

译文2:If that is the case, I think it's hard for further discussions, and we might as well call the whole off.

例2:请不要再浪费时间,这是我们能给的最终价了,不行的话我们就不做了。

译文1:Please don't waste our time. This is the last offer we can give, otherwise, we will end this deal.

译文2:We would like to say that it was unwise of you not to accept this favorable offer.

从例句中我们可以很明显地看到,译文1的口译语气都十分强硬坚决,在谈判活动中没有留有一丝余地;而译文2不仅将说话者的意图传达清楚,而且语气上缓和很多。倘若说话者已经下决定不再继续合作,译文1会比较合适,果断坚决;倘若说话者只是想威慑一下对方,表明自己的态度,译文2就显得更为合适一点。

(二)连贯性原则

在商务口译中,译员需要在实际的商务活动中充分理解原文的意思,并结合目标语的文化背景,以及自身所储备的专业知识内容,再进行翻译。有的时候,当双方针对价格、交易量、交易时间等主要内容达成一致后,需要由专业人员进行准确的合同描述。此时译文不仅仅要做到忠实,还应该综合考虑其他因素,保证译文的流畅。

例:If an event of force majeure occurs, a party's contractual obligations affected by such an event under this contract shall be suspended during the period of delay caused by the force majeure and shall be automatically extended for a period equal to such suspension without penalty.

译文：如果发生不可抗力事件，受影响一方义务自动中止，并自动延长履行期限，延长期限内，无需为此承担违约责任。从原文中可以看出语言表达非常严谨，也用到了很多专业术语。口译中倘若逐词逐句翻译，不太符合语言表达习惯，无法实现通顺连贯，因此在译文中截掉了一些重复的词语，不仅不会影响整体效果，还更加符合中文的口语习惯。

（三）忠实性原则

除此之外，商务活动中涉及的内容大多严谨，要求译文必须精准。译员需要尽量做到忠实原文，简洁、严密、庄重，确保专业规范，尤其是语气、礼仪等方面更要做到对等，切不可随意乱翻。

例：We ask short delivery for our order.

错译：请贵方在短期内交付订货。

原文中 short delivery 意为"短装"，而非短期内迅速交货之意，迅速交货应是"We require quick delivery of our order"。由此可见，译员不仅需要充分掌握商务术语、知识和英语水平，还需要有责任心，避免造成经济损失和不良影响。

三、目的论指导下的商务英语翻译方法

商务英语翻译应遵循目的论三大原则，即目的原则、连贯原则和忠实原则。引申来说，译文应严谨准确，充分考虑目的语读者的感受；应通顺达意，便于目的语读者阅读；应忠实原文，符合法律文本文体规范，不要错译漏译。

（一）严谨准确

准确是商务英语翻译中的重中之重。在翻译过程中，必须用词准确，使目标语读者准确理解原文意思。这既是商务英语严肃性的体现，也可使合同缔约双方无可争议，避免纠纷。同时，用词要精练，即使用少量的词语传达大量的信息，这也符合法律文本的行文特点。

例：Any and all obligation of the company to the Operator under this agreement shall immediately cease and terminate upon payment of the company's dues.

译文：公司对经营者的一切合同义务在公司付款后，应立即予以取消和终止。

此例中的两处近义词组合，均起强调作用，也可以避免双方因词义间的细微

差别大做文章。"any and all"意为"任何及所有",这显然不符合汉语读者的阅读习惯,因此直接将其译为"一切"即可。而"cease and terminate"二者虽意思相近,但通过查阅英文词典可发现二者仍有细微差别,如果忽视差别将其合并翻译便有失准确,因此译为"取消和终止"。

(二)通顺达意

商务英语语法与句子在结构上的通畅是不可或缺的。译文应通顺达意,让读者对国际贸易合同的内容清晰把握并能准确理解,注意用词精练,既可以使译文更加精确,又可以避免因句式冗杂而使读者难以理解。

例:The buyers may, within 15 days after arrival of the goods at the destination, lodge a claim against the sellers for short-weight being supported by Inspection Certificate issued by a reputable public surveyor.

译文:货物抵达目的港15天内,买方可以凭有信誉的公共检验员出示的检验证明向卖方提出短重索赔。

此句主干为"The buyers may...lodge a claim...",共有三个状语。时间状语:within 15 days;方式状语:being supported by...public surveyor;目的状语:for short-weight。翻译商务英语时首先应准确提取句子的主干;随后确定各个从句和短句的语法功能,厘清句子各部分之间的逻辑关系;最后适当调整语序及用词,按照汉语的表达习惯重新组织成文,可借鉴权威词典、相关材料及平行文本进行加工。

(三)忠实原文

1. 内容层面

在商务英语英汉互译的翻译过程中,译者要秉持客观公正的态度,绝不能凭主观臆断,利用缩略、增译、删减等手段对原文本加以篡改。必须保证原文的内容完整,不被曲解。翻译时不能随意增删或篡改原文内容,因为不完整、不准确的译文必然会造成误解。

2. 格式层面

在翻译商务英语时应注意合同在格式上的完整和规范。首先,商务合同作为法律文本,具有明显的管约功能,这种管约功能很大程度上体现在词法句法及语篇格式中。因此,译者在翻译过程中也要注意如何把这种格式上的规范准确传达给译入语读者,遵循合同文本特殊的文本模式。

四、目的论指导下商务合同机辅翻译

现代商务英语追求"意合"的程度大于"形合",而翻译软件则能更好地对这些新的表达方式巩固记忆,让翻译变得更加快捷。商务合同翻译越来越朝着"目的论"引领的计算机辅助翻译方向发展。翻译时应当将重点放在揣摩合同意图,并且充分结合翻译软件,建立以人脑为核心的、足够而准确的记忆库、术语库,实现国际商务合同翻译的最优解。在信息沟通发达的今天,有必要以新的眼光看待合同翻译,将翻译软件合理地运用在翻译过程中,从而对每一句话都有更深刻的了解,使翻译更具有针对性。

(一)将目的论结合机辅翻译代入商务合同翻译各环节

商务英语的一般用语、语法和基本结构随着时代进步而不断丰富发展。要做到准确有效地翻译国际商务合同,就应当避免一些过时的翻译方法,比如大致看完整篇合同即进行翻译,并直接进行文字对应的"功能对等"模式,同时更加灵活地运用翻译目的论,将其代入合同翻译的每个环节当中,只有在每个细节中都秉持目的论,充分理解原作者的意图并忠于原文地进行翻译,才能使国际商务合同的翻译在高效进行的情况下达到最优结果。同时,对翻译软件的应用也是不可或缺的,运用了软件之后,大量有关的术语和句式就会被记录在术语库和记忆库当中,译员只要经过查证就可以将大批的术语和专业句式直接导入翻译系统当中,如此就可以免去诸多麻烦。

1. 将目的论结合机辅翻译代入译前处理环节

要合理、有序、高效地翻译国际商务合同,首先就要正确地进行译前处理,将合同文本处理成为翻译软件能够识别的内容。要做到这一点,就必须在拥有足够的翻译实践经验、积累充足的商务英语词汇量和专业知识的同时,秉持翻译目的论,本着达到"最优解"的目的去进行处理,与双方公司有关人员充分沟通,充分处理英语合同原文中表意不够明确的部分,以及汉语原文中可能产生歧义的部分,做到完全理解每一句话说出的目的及其内涵。

英语中常出现以缩略语来表达公司名称或一些特定的专业术语的情况,此时在英汉翻译时就容易使译者产生迷惑,翻译软件也通常无法识别。比如,"AAR"一词,如果没有充足的从事国际贸易方面工作的经验,就很难判断其表达的具体含义为"against all risks",即"全险",而翻译软件则很有可能将"AAR"直接复制到汉语的译文中。

此外,一些著名的公司的缩略语名称可能容易判断,而一般公司则难以从缩略语看出其名称，翻译软件也可能只能识别著名公司的缩略语。面对这些情况，就需要带着翻译目的论的方法论去多方查证，充分查找有关资料，最终求得最准确的翻译结果。

2.将目的论结合机辅翻译代入译后编辑环节

在译前处理完成之后，译者即可使用翻译软件进行翻译，其结果也会因翻译软件目前相对人类所具有的劣势而不够完美。此时的译后编辑，无论在英译汉还是汉译英方面，都更需要坚持以翻译目的论为指导，对每个字句都仔细斟酌。机器翻译虽然速度更快，但最大的弱点就在于缺乏思考能力，有些实际意思与表面含义相差较大的汉语，翻译软件在翻译时就可能出现差错。比如"纵横于国际市场"，实际意义指在国际市场上奔放自如、游刃有余，而翻译软件在翻译时大部分会将其中的"纵横"简单处理为"be vertical and parallel"，只体会到表面意思，而无能力对翻译进行更深层次的审视。有些更复杂的长难句情况，翻译软件也无法完全胜任，有可能使译文产生歧义。对此，译者需要以目的论为指导，在软件翻译结果的基础上，进一步仔细推敲原作者的真正意图，并做好断句。

翻译软件处理过的国际商务合同内容，尽管在功能上与原合同可以大致对等，但其终究无法替代真人的翻译水平，译出的内容只能视为"半成品"，在用词的选择、语法结构等方面很可能与目标语言相去甚远。对于一些专业程度较大的词汇，翻译软件只能识别出其中的一个意思，无法深度处理并选择出最符合语境的词义。如汉语合同中出现国际贸易中常用的"发票"一词时，谷歌与百度翻译器在各种情况下都倾向于将其处理成"invoice"，而事实上"发票"一词的含义会根据使用方、使用场合及语言环境的不同而翻译为 invoice、bill、receipt 等多种形式。对此，译者需要在充分理解合同原文的基础上进一步贯彻目的论，明确带有专业词汇的句子所要表达的目的，使目标文本的语言更加专业化，对翻译软件难以表意清楚的一词多义、专业词汇和长难句等情况要再一次进行仔细审视和修改。

（二）目的论结合机辅翻译运用的启示

综上所述，在译前处理和译后编辑的过程中，译者不免会遇到复杂的语法结构、难以从字面上看懂词句意义，以及一词多义等情况，而这些情况都难以简单运用翻译软件得到解决。所以，在译前处理时，如果在英译汉的过程中出现了较难理解的词组或句子，译者首先应当做好断句工作，将其歧义基本消除，从而处理为更方便机器识别的文字，每一句的理解都要遵循说出这句话所要达到的目的而进行；在汉译英时，由于表达习惯的不同，汉语很多约定俗成的表达无法直接套用到英语中，翻译软件更倾向于将所有的汉语语言直译，因此很有可能遇到表意相对不明显的词句。此时，译者应当与有关各方充分商榷，完全理解之后，处理成表意更明确的同义或近义词句，这样才可以为准确翻译打好基础。

此外，也需要牢记将每一个复杂的表达形成术语后加入记忆库。在后续翻译过程中，如果其再次出现，就可以直接代入，省掉重复查证。在译后编辑方面，译者往往需要在软件翻译工作完成后，再在目的论的指引下对机器翻译的结果再次进行审查，弥补翻译软件的不足之处，使得翻译效果更加优化，符合人的思维方式，而人们可以在这种译后编辑过程中进一步优化软件翻译效果，其形成的记忆可以给译者更多启发，在之后的翻译过程中避免踏进同样或相似的陷阱。国际商务合同本身是为了达到双方最好的合作目标而订立的，其翻译必须传达出双方良好的合作意愿，因此合同的语言必须平和，表意必须清晰。而翻译软件往往达不到这种效果，因此译后编辑就成了合同翻译至关重要的一个环节。译者需要在不改变合同原意的前提下，通过对翻译软件结果的校正来使语言更加符合合同应用的场景，避免一些由合同语言产生的不必要矛盾，从而朝利益最大化的方向驱动，取得贸易双方都能够满意的最优解。

第二节 跨文化语境下商务英语语言与翻译

在商务英语的教学中，由于中西方文化差异之大导致英语教学推进困难。受传统教育模式影响，英语实践活动往往在英语考试的压力作用下得不到更好的体现，但是对于英语知识中所蕴含的文化内涵的理解不够深刻，这是学校忽视培养跨文化交际能力所造成的结果，导致英语教学实际活动中英语能力的表现形式仅仅滞留在表层的交流上。因此，在跨文化语境下，将跨文化交际能力应用于商务英语课堂上是创新性的课堂改革方向。

跨文化交际主要是指通过本民族与其他民族进行语言之间的交流与发展。语言本身就具有传承民族文化和发展民族文化的热点，而翻译就将各民族之间的文化差异进行了一定程度的消除。跨文化交际并不是一门独立于其他学科的学科，其研究范围包括文学、心理学等方面。

一、跨文化语境下商务英语的影响因素

由于翻译工作需要在跨国合作和交流下开展，所以商务英语翻译主要受到以

下几个因素的影响。

（一）不同的文化传统和风俗习惯

比如我国居民的金钱观念主要是以储蓄为主，一直等到有足够的金钱以后再去消费；而西方的金钱观念却恰恰相反，西方人习惯超前消费，把将来的钱放在现在进行消费。除此之外，还存在一些文化方面的差异，这些不同的文化传统和风俗习惯也会对商务英语的翻译工作产生重要影响。

（二）不同的生活习惯和饮食文化

国家之间存在不同的生活习惯和饮食文化，导致不同的国家在日常问候方面也存在极大的差别，而这些差异在很大程度上影响着双方之间的交流合作。如果在进行问候的过程当中没有采用恰当的翻译，则会产生一些不尊重的不良影响，导致后续的交流合作不能有序开展。因此，在进行商务英语翻译的过程中，应该充分尊重不同国家的文化，为商业活动的顺利开展提供基础。

（三）不同的宗教信仰和思维方式

我国与西方国家的地理环境和地理位置等方面的差异，产生了不同的哲学体系，导致我国和西方国家之间的思维方式也存在一定的差异。中国文化背景注重综合性的思维模式，大多属于直接的表达，思维过程中重视直觉的整体性，句子的陈述以动词为主，描述有序和谐。而西方思维注重逻辑分析，表达较为抽象，叙述简单并且具有一定的跳跃性，往往是以长句的形式出现。这些思维的差异导致了商务翻译过程中一些翻译策略的不同。这对商务英语的翻译工作也产生了一定的影响。

（四）不同的价值观念和审美方式

价值观念和审美取向会直接影响翻译中对动物、色彩和数字相关词汇的翻译。有些动物在中西方文化中的寓意完全不同，例如马在英国人的审美中是勤劳的象征，所以英语中有"as strong as a house"的表达，而翻译成汉语则应该是"力大如牛"，因为在中国人的心目中，牛才是吃苦耐劳的典范。这就要求译者在商务翻译中要熟悉这些寓意，否则会导致商务交际失败的严重后果。

除了以上的因素，历史文化也会影响商务翻译的准确表达，译者在商务翻译的过程中要加以考虑。例如，美国独立宣言的首句是"All men are created equal."，日本的三菱汽车公司在翻译时，就将汽车品牌的广告语译为"Not all cars are created equal.", 这个翻译显然是呼应了美国历史名言的影响，产品深受消费者的青睐。人们的文化意识涉及很多方面，商务翻译无疑是最直接的跨文化交际活动，必须要考虑中西方的文化差异，翻译出符合文化审美的译文，才能确保商务合作的成功。

二、跨文化交际意识在商务英语中的作用

（一）有助于提升交流者的情境表达能力

跨文化交际意识，有助于提升交流者的情境表达能力，从而提高商务对话的效率。商务英语工作者避免不了会有出国工作的任务，其情境表达能力在一定程度上代表了公司形象，因此，情境表达能力在商务英语的实际应用中有着重要的作用。跨文化交际意识能够有效地帮助交流者锻炼情境表达能力。他们在与不同语言环境中的人进行对话的过程中，可以通过语感默契的培养来逐渐消除中英文语言逻辑上的壁垒；同时还可以让交流者在对话中提炼出有效的信息，从而提高其情境表达能力，使得双方交流更高效，给对方留下良好的印象。

（二）有助于增强交流者的演说表达自信

跨文化交际意识能够帮助交流者不断增强演说表达自信，使其商务英语应用能力得到更为明显的提升。在商务英语的应用过程中，商务交际的场景会使双方进行对话，良好的跨文化交际意识能够促进商务对话顺利进行，同时也能帮助交流者快速了解自身对于对方文化、习俗等理解的不足之处。随着后期跨文化交际意识的不断增强，交流者的英语表达也更为熟练，其交流的内容也会更为丰富，久而久之，交流者就能够在跨文化交际的对话中，树立起一种演说表达的自信心。在这种自信心的作用下，交流者参与跨文化交际活动的心态也会从被动变为主动，并且能够基于自己跨文化交际能力的不断增强，对跨文化交际活动产生更高的积极性，而跨文化意识也就能够更加彻底地融入交流者的商务英语应用过程中。

（三）有助于培养交流者的文化包容心态

包容的文化心态更容易使交流双方在交流中敞开心扉，也更容易使双方理解对方的思维状态、语言环境、行事风格等方面的特点，从而逐步达到交流的目的，为商业合作提供更多的可能。跨文化交际意识就是帮助交流者建立跨文化包容心态最为直接的方式。在跨文化交际过程中，如果交流者具备良好的跨文化交际意

识，就能够通过对对方神态、声调、肢体、表情的观察，更准确地感知对方的情绪和思想，从而更好地理解对方的想法。在这样的氛围中，交流者可以不断开拓自己的思维与认知的边界，建立自身对于不同文化的包容心态，就能够在商务英语的对话中更为周全地考虑来自不同地区的人的不同需求，从而促进商务活动顺利高效开展。

三、跨文化语境下商务英语翻译的基本要求

（一）把握词汇目的性

从商务英语的本质来看，其目的性较强，涉及的内容多是不同类型的商务活动，如商务会晤、商务谈判、电话传真等，不同类型活动的具体规则与操作流程有所差异。商务英语的词汇、语言形式、句式特点都具备较强的专业性，与商务交往之间的关系十分紧密。为此，在开展商务英语翻译的过程中，需要把握词汇的目的性，以准确性为前提，避免出现词汇传达不准确而表意不清的情况。译员对词汇目的性的把握，关系到翻译的有效性。

（二）对译员的素质要求

商务英语翻译目的是要传达准确的信息，确保商务内容可以及时、有效地传递，从而最终促成商务合作。但需要注意，在商务英语翻译的过程中，文化意象的存在对商务英语译员提出了严格的要求。具体包括译员本身要具备扎实的商务英语词汇积累，对商务交往的各个环节都有着明确的了解，能够将各环节所需的专业术语烂熟于胸。同时，译员要具备扎实的商务英语语言能力，能够准确地表达和传递商务英语内容，在较高综合素质的支撑下，持续为商务英语翻译工作提供服务。

（三）了解商务文化背景知识

各个国家之间的贸易往来频繁，不同国家和民族都有其独特的文化背景与风俗习惯，价值取向的不同使得差异存在。商务英语翻译的过程，要充分尊重目的语国家的文化背景、风俗习惯，避免在商务英语翻译过程中对文化意象不够明确而造成理解上的偏差，从而对商务谈判产生影响。译员要对商务文化背景有着全面的了解，以此规范自己的翻译过程。

（四）具备扎实的现场操作能力

商务英语翻译，核心是译员现场操作的基本能力。扎实的基本功底、快速的反应能力和应变能力，都是译员需要具备的素质。在现场翻译中，要求译者可以清晰地完成内容的传达，快速地做出翻译，并达到表达通顺、连贯和流畅的基本要求。这就给翻译人员带来一定的压力，要经过专门的培训，快速、准确地做出反应，达到综合能力的提升目标与基本要求。

四、跨文化语境下商务英语存在的问题

（一）翻译精准度较差

不同的文化对商务英语翻译工作也会产生重大的影响，文化差异很容易导致翻译的工作中用语不精准、翻译后的语义精准性差等问题。商务英语翻译工作中译员会面对不同国家的人员，在不同的民族文化下，其用语习惯以及词汇等都存在差异，比如问候、邀请和答谢等用语方面，中国的语言习惯在收到他人的感谢之后通常是以"不用谢"进行回答，而西方通常是使用"You are welcome!"回答。中国文化博大精深，通常在交谈过程中具有谦虚和委婉的态度，而西方国家在交流过程中通常比较直接。因此在商务活动翻译的过程当中要注意正确的语义表达。

（二）词汇的翻译准确性不高

随着经济全球化的不断深入和发展，国家之间的交流活动比较频繁。文化差异导致商务交流活动总面临着词汇的翻译准确性不高、无法准确表达英语的语义等问题。比如词组"lucky dog"，如果在不考虑文化差异的情况下，直译成"幸运狗"，是一个贬义的词语，而"lucky dog"在西方国家却表示的是"幸运儿"的意思，是一个褒义的词语，如果不考虑文化差异则会导致无法准确表达词语的意义。此外，龙在中国传统文化中通常是中华民族精神的象征，而在西方国家中则表示怪物，是一个贬义的词语。因此，在不同的文化差异背景下，如果词汇的翻译不够准确，会导致商务活动中的交流存在一定误差。

（三）句式翻译存在偏差

我国和西方国家的思维方式存在一定的差别。我国通常是以象形思维方式为主，而西方更多的则是以抽象思维为主；而且我国在交流过程中通常会具有谦虚和委婉的态度，而西方则更加直接一些。在这种因素影响的情况下，商务英语在

翻译的过程中，句式往往存在一定程度的偏差。比如，在翻译的过程当中通常可以明显感受到英文翻译在逻辑方面更加清楚，而且通常是以被动的语句存在；而汉语更加注重信息的完整性，对于语法和语句没有明确的限制。因此，在这种情况下，由于语言句式的翻译存在一定程度的偏差，会增加商务英语翻译的难度。

五、跨文化语境下商务英语翻译的策略

（一）注重跨文化翻译意识的培养

由于国家之间存在文化、思维方式和风俗等方面的差异，在跨文化开展商务交流的活动时会受到这些方面的影响，因此如果缺少一定的跨文化交际的知识和相关方面的能力，则会导致跨国商务活动无法顺利开展。而通过对从事商务英语翻译工作人员在跨文化交际意识和能力方面的培养，能够帮助翻译工作者对不同国家文化等方面有更深入的了解，使得翻译工作者能够在翻译的过程当中，避免文化差异及思维方式不同而导致的翻译问题，进而提高商务英语翻译的准确性和合理性，以此促进我国对外经济贸易的健康发展。

跨文化交际意识是商务英语专业的学生在学习英语过程中必须培养的意识，其不仅可以促进学生专业能力的提升，也更有利于促进学生形成包容与开放的个人思想，从而更好地适应当前时代的发展浪潮。随着我国国际社会影响力的不断提升，对于跨文化人才的需求量逐渐增长。因此，基于国家对于人才的需求、工作对于人才的要求及学生个人的发展需求，高校应当及时对商务英语教学内容进行反思与调整，并对学生的跨文化意识认真地进行培养。

（二）提高商务英语翻译的规范性

在开展商务英语翻译工作的过程当中通常会涉及比较专业的文件和相关内容，这些专业性的文件和内容需要在词汇、句式及语法上更加简单明了，因此，在保证翻译内容准确和真实的前提下，翻译工作者需要遵守相应的句式规范和行文规范。提高商务英语翻译的规范性，可以帮助翻译工作者更加准确地进行翻译工作，同时也能将原文表达得更加简洁和精炼，即要求在符合相应的商务文书要求的基础上，不影响对方对原文意思的理解。所以，在跨文化交际视角下开展商务英语翻译工作应该注重提高翻译的规范性和一致性，以确保商务英语翻译工作精准有效。

(三)提高使用专业术语的能力

与其他普通的英语翻译工作相比,商务英语翻译的工作具有专业性强等特点。在跨文化语境下,商务英语翻译工作者需要面对不同的国家和民族,文化差异极大,而且所需要的词汇也非常多,专业性更强。因此,为了能够更好地翻译专业词汇的意思,商务英语翻译工作者需要掌握更多的专业术语,更加深入了解不同国家的文化背景和风俗习惯等,不断提高跨文化交流的工作意识和能力,进而提高商务英语翻译的准确性和质量。

在经济全球化和国际化不断深入和发展的今天,对外经济贸易活动在我国经济发展中具有重要的影响。商务英语翻译作为国际贸易活动中沟通的桥梁,对促进国际贸易和我国经济社会的发展具有重要的作用,所以,一旦商务英语翻译出现问题将会严重影响国际贸易双方的交易完成情况。因此,商务英语翻译人员应该从跨文化交际的视角下,不断提高个人的翻译能力,充分了解不同国家的文化背景,在翻译工作中充分考虑文化差异的影响,提高商务翻译工作的质量。

第三节 商务英语语言与翻译人才培养

语言是文化的载体,不同的语言带有不同的文化背景和价值观,这是语言的魅力,也是翻译的难点。通过语言间的转换,学生能更好地理解文章的深层含义,了解中西方文化发展史及各国风俗和文化差异。切实提升学生的翻译能力,不仅有助于学生的专业学习,也更有助于在职场环境下的实践能力的培养。商务英语是经济全球化发展的产物,其用途较为特殊。因此,在培养商务英语人才的过程中,并不是单纯地教授英语这门语言。从当前我国在商务英语人才培养方面的情况来看,在商务英语应用型人才方面存在较大的缺口。在世界经济日渐开放且互动频繁的背景下,国际贸易工作面临更多的合作机会与竞争压力,时代发展趋势需要在培养商务英语人才的过程中进行进一步延伸与拓展,要求商务英语人才具备缜密的逻辑思维能力、语言表达能力、文化差异适用能力。为此,在培养商务英语人才的过程中,不仅需要培养其掌握英语方面的知识,还要提高商务英语人才的文化交流能力与人文素养。

一、我国商务英语的发展背景

随着中国对外开放的进一步深化、海峡西岸经济区的全面建设及"一带一路"

倡议的逐步实施，国际金融的迅速发展成为经济全球化的重要推动力。企业对既会说英语又懂外贸知识的复合型人才的需求量越来越大，商务英语专业成为发展态势较好的专业之一。教育部2007年3月正式批准开设商务英语专业，旨在培养复合型的国际商务人才。更重要的是，这一专业受到教育部的认可与支持。教育部高等学校外语专业教学指导委员会前秘书长蔡伟良（2009）在谈及《关于外语专业面向21世纪本科教育改革若干意见》这一文件中提道，"当前，我们社会急需大量的复合型外语人才，而培养这种复合型的外语人才是社会主义市场经济对外语专业教育提出的要求，也是新时代的需要"。这意味着单纯外语语言技能已不能很好地满足市场所需。因此，商务英语专业可谓是"顺时代而生，应时代而兴"，商务英语人才对国家的对外经济与文化交流起到"桥梁"作用。

二、商务英语的人才培养要求

商务英语作为一门具有具体应用途径的学科，在对人才的培养过程中，除了要让学生能够读懂英文、念好英文，还要让学生了解和理解英语语言交际文化，提升学生的跨文化交际能力。这是因为商务英语在具体应用时，多以书面和口头对话形式进行，交流者除了要能够准确无误地接收与传达商业信息，同时还要做到尊重和理解对方的表达习惯，营造出轻松融洽的对话氛围，只有这样才能为业务的发展带来更广阔的机遇。因此，商务英语专业在人才培养上，会更注重培养学生融"理解、掌握、运用"为一体的英语综合能力，商务英语专业培养的是英语语言应用能力、跨文化意识、商务理论与实践能力兼而有之的德才兼备的实用技能型人才。这就要求高校商务英语教师在教学过程中，要注重对学生跨文化意识的培养，从而让学生具有更为包容的文化心态，拥有更为自信的演说表达能力，最终能够让学生在未来商务英语的实际应用中，快速适应不同情境的英语表达。

商务英语主要以职场工作与商务活动为核心，为各项社会经济与国际交流提供专业的服务，具有较强的针对性。主要涉及商务背景知识、商务活动过程中应用的语言及商务交流技能等，因此商务英语人才应具备以下几方面的专业素质。

（一）英语语言功底扎实

商务英语人才不仅要具备扎实的听、说、读、写、译这几项基本英语技能，还要灵活熟练地应用英语与人进行交流与谈判，这些都是一名商务英语从业人员的必要专业基础。

（二）具备较强的商务活动组织能力

商务英语人才需要对企业相关的商务知识进行熟练的了解与掌握，还要熟知金融、外交、管理、财会等领域的相关内容，并且能够在面对国际商务活动时熟练运用相关知识与技能。

（三）熟悉企业各类商品信息的具体情况

在企业进行国际贸易交易的过程中，商品是主要的贸易对象。因此要求企业中的商务英语人才不但要对企业自身经营的商品了如指掌，还要具备将商品信息以英文的方式介绍给国际贸易对象的技能。

（四）了解各国的商务文化

一名合格的商务英语人才需要了解不同国家的商务文化，并熟知各国企业的经营理念。在与国际贸易对象接触的过程中，要了解对方的地域文化，为企业开展国际贸易合作奠定良好基础。并且要对不同国家的文化特色与风俗习惯进行充分的了解，确保在进行国际贸易商务洽谈的过程中能够准确、得体地进行沟通交流，从而不断延伸并拓展国际市场。

（五）具备较高的职业道德素养

良好的职业道德素养能够让国际贸易人才在商业活动过程中积累更多的人脉，以此维护企业与客户之间的关系，有利于企业进一步扩张市场占有量。因此，在培养商务英语人才的过程中，要重视对其职业道德素养的培养，不仅要求国际贸易人才具备高水平的职业道德素养，还要求其在本职岗位中踏实肯干、爱岗敬业，能够善良真诚地对待来自世界各国的贸易伙伴。

三、商务英语人才培养现状

国际商贸行业对商务英语人才有巨大需求，高校应当在人才供应端跟上行业发展需求，为国际贸易培育足够的商务英语翻译人才，以支撑国际贸易的发展。但纵观英语商贸人才培养现状，仍存在课程体系建设不完善、培养模式传统固化、人才素养不够全面等现象，导致英语商贸翻译人才供应不足，人才素养不符合行业发展需求，难以胜任岗位工作，等等结果。

具体来看，当前的商务英语人才培养存在以下几点问题。

(一)课程设置不合理

英语一直是大多数高校学生的薄弱科目,有大部分学生的英语水平仍停留在中学阶段,所以要想提高商务英语翻译教学效果必须从基础抓起。首先,师生要从根本上加强对于翻译课程和翻译训练的重视,同时,翻译课程不仅仅要从理论和技巧上进行教学,更要注重实践,加强理论联系实践的教学内容。一些学校为了完成课程进度,翻译课程设置较少,很多教师由于课程有限不得不加快上课进度,所以翻译教学课堂质量较低。学生没有充足的时间将理论转化为实践,会导致对学习产生厌倦感。也有一些学生学习的功利性较强,这种观念不利于学生全面发展。

(二)课程体系建设不完善

当前,高校是商务英语翻译人才培养的主要阵地,承担着为国际贸易输送语言人才的任务。但当前大多数高校对商务英语人才的培养并没有形成清晰的培养目标,商务英语翻译课程主要从一般英语翻译课程衍生而来,缺乏系统性、专业性。商务英语翻译课程的规划应在详细调研行业人才素养需求的基础上,根据商务英语在商贸活动中的具体应用情况来设计课程。当前商务英语翻译课程多是理论技巧的传授,而对翻译的实践训练不足。课程设计针对性不强,对口译和书面翻译能力的培养没有区分开,使翻译教学难以呈现系统性和专业性,使人才培养出现滞胀状态。

(三)教学模式固化、创新性不足

当前,商务英语翻译的教学大多是翻译技巧和翻译策略等理论内容的直接灌输,而对翻译理念和原则性内容强调不足,缺乏对翻译实践训练的重视,缺乏实践训练的机会,学生对翻译理论的实践转化效率低下,进而造成翻译技能掌握不充分的结果。这种单一固化的教学模式使课堂沉闷、单调,一定程度上挫伤了学生学习的积极性。商务英语翻译教学要出效果、出成绩,需要重视课堂模式的改革创新,这正是当前高校商务英语教学的症结所在。课堂组织形式单一固化、教学内容陈旧、教学理念创新不足,是当前商务英语翻译课堂教学效率低下的主要原因。

(四)教师对教学重视程度不足

许多教师在实际教学中轻视了商务英语翻译课程,导致部分学生实际应用商务英语能力较低。学校重视程度不够,学生缺乏翻译商务英语练习时间;学校在商务英语翻译教学上投入成本较低，导致翻译教学开展困难；部分教师在教学过程中对翻译教学认知程度不足，认为翻译仅仅是语言之间的转换，课堂上不会为学生讲述原文作者想表达的思想，长此以往形成一种不良的学习氛围。

（五）人才培养目标不够清晰明确

从当前商务英语人才培养状况来看，绝大多数情况下并不重视商务英语人才在当前社会经济发展过程中的重要性，没能把握当前社会与经济发展过程中对此方面人才的具体需求，通常都会以统一的方式进行商务英语人才培养工作。这样的培养方式并不具备针对性，使得商务英语人才培养工作缺乏明确的目的与标准。虽然商务英语这一领域涵盖的范围较为广泛，在人才培养方面有较大的空间发挥，但也使得商务英语岗位需求存在一定的复杂性。因此，在具体实施商务英语人才培养的过程中，需要针对具体的岗位需求明确人才培养目标，以此促进相关人士商务英语能力的提升，为社会输送更多的商务英语专业人才。此外，在商务英语方面专业人才培养的过程中缺乏明确的培养目标，缺乏指导性与方向性，这对商务英语人才培养有一定的影响。

（六）应用性不高，培养方式落后

在商务英语人才培养的过程中，实践性不理想也是其中一项主要的问题，对商务英语人才培养起到了严重的限制。绝大多数商务英语人才培养工作都是具备理论内容基础，缺乏实践性，且培养方式类似翻译。同时，由于商务英语理论方面的知识内容相对薄弱，在现实环境下缺乏应用指导性，不利于构成系统的商务英语理论体系。绝大多数商务英语人才培养活动都忽视了实践能力培养的重要性，并没有将英语知识与商务知识有机结合，缺乏有效的商务实训基地，并且在培养相关人才的过程中，更加侧重理论相关内容，导致人才培养内容与现实情况严重脱节，相关人才缺乏必要的实践经验。

（七）人才素养跟不上行业发展

国际贸易业的迅速发展使行业对高质量人才的需求发生了变化，以往具备基本商务英语素养的人才即可胜任商贸英语翻译的任务，但国际贸易形式和环境的复杂化对商务英语翻译人才提出了新的需求。即在掌握基本商务英语翻译技能的前提下，还要对贸易行业有深度了解，使其在处理翻译任务时能够更加顺畅。就人才素养培养综合性和岗位要求复杂化来看，掌握语言和专业知识双重理论技能也是现代化商务人才的基本要求。而当前培养出来的商务英语翻译人才在这方面呈现较为严重的"偏科"现象，要么掌握了基本的商务英语翻译素养而疏于专业知识的学习，要么专业程度较高而缺乏语言技能，皆是人才素养跟不上贸易行业发展节奏的表现。

（八）师资队伍建设不完善

实操能力是商务英语专业教学效果的输出标准之一，但当前高校教师在实际教学过程中的知识输入仍主要依靠单纯的课本教材，且多数教材的内容都有一定的滞后性，无法满足当前新形势下经济发展的所需，比如以《国际贸易理论与实务》为例，多数教材在贸易术语一章仍沿用国际贸易术语解释通则2010，而当前最新版本是2020通则，关于贸易术语和适用情景都进行了更新。如果授课教师不能及时做出授课内容的调整，很难适应当前国际贸易发展的需求。除此之外，高校教师多以学术性为主，具有企业实践技能的比重不足，在一定程度上也加重了当前高校专业授课的滞后性。

四、商务英语人才培养方向

（一）应用型商务英语人才培养

1. 应用型人才定义

应用型人才是指能够将专业知识和技能运用到所从事的社会实践及生活中的专门人才，具有"理论基础扎实、专业知识面广、实践能力强、综合素质高，较强的科技运用、推广与转换能力"等基本特征。商务英语作为高校英语专业的重要门类，与我国对外贸易和开放事业同步发展，2007年被定为本科英语专业，兼具英语教学和经济贸易等教学内容，旨在培养能够在国际环境中熟练使用英语从事经济、贸易、金融、管理工作的应用型人才。

2. 应用型人才培养目标定位

智能化时代，全球经济处于不断转型发展期，传统经济遭遇经济下行的严峻挑战。从国家战略角度看，应用型人才培养作为我国高等教育改革的整体战略，需要转化为局部战略，且落实到具体行动中才能够真正实现其价值。商务英语翻译教学正是其局部战略的重要组成部分，受应用型人才培养整体战略的支配，首先体现在教学整体定位层面。应用型人才培养的目标定位应遵循市场经济规律，缘于高等学校生存于市场的土壤中，高校毕业生最终输送和回归到市场，为市场需求所用。不同专业的高校毕业生在进入社会后，能够"称职""称心"地与工作岗位相匹配。一方面达到岗位要求,即满足市场选择的客观要求;另一方面满足自身要求,即学生从满足选择市场的主观要求中实现自我价值。这就从宏观层面实现了应用型人才培养的目标定位。商务英语翻译教学以此为大方向,比以往更加强调对人才市场需求的调研,更加重视对毕业生成长轨迹的追踪,实地探讨市场人才需求和高校商务英语人才培养之间的紧密关系,与时俱进提炼市场对人才的具体需求,以此指导教学改进,提升商务英语人才培养质量与市场对人才期望的契合度,切实将这种需求精准转化为人才培养标准和对人才的定位。同时,不同高校还将自身优势融入商务英语人才培养目标中,将应用型人才培养目标定位的共性集成转化为适合自身的定位。

3. 应用型人才培养体系重构

应用型人才培养体系的重构围绕其目标定位进行,整体上是相对于学科性培养体系而言的,以摒弃传统应用型人才培养过度沿用学科性人才培养理念的模式,针对市场经济转型发展的实际需求,重构人才培养体系。以分解培养目标为第一步,培养体系被分解为若干培养元素,可以被划分为素质、知识、能力、情感等不同范畴,之后再结合学科知识进行分类归纳。例如"商务英语口译"课程由英语专业的不同课程如"商务英语"和"口译"组合构成,其中商务英语可针对英语专业和电子商务专业教学,口译教学也可穿插其中,但针对不同专业所讲授的内容和程度应该是不同的。于是,不同专业使用同一本教材教学就显得不合时宜,这正是商务英语口译课程结构更新的意义所在。

整体而言,课程重构应该始终保持学科体系的严谨性,将学科体系培养方式转化为以能力为主的应用型培养体系,围绕能力培养的主线设置课程,且将课程教学目标实现的内容和方式合理预置,预先设定课程教学所达到的水平。同时,商务英语课程体系重构围绕专业能力进行布局,从课程负责人到师资,都要求理论学习和实践技能双重能力达标。教学时,教师能够不偏离知识应用能力提升的主线,将知识学习和能力训练相叠加,确保课程体系的完整性,以实现应用型人才培养背景下商务英语课程结构更新的总体要求。

4. 应用型人才培养过程

应用型人才培养以理论教学、实践教学、选修课辅助等为支撑,商务英语教学还以第二课堂辅助教学为支撑,要经历从初级技能型到技能型、高级技能型,最终到应用型专门人才的漫长过程。商务英语人才应以应用型为特征,在精通英语语言运用、翻译交流的同时,具备经贸、旅游、金融等专业知识,即以培养复合型人才作为具体措施和有力支撑。在明确培养要求后,部分外语类高校积极开展专门的国际传播外语人才培养计划,根据学校和学生特点设置人才培养目标,采取学科交叉教学、精修选修模式相结合等多元化的教学改革方式。大多数高校意识到智能教育的重要趋势,积极借助大数据、人工智能等网络教学手段,推进商务英语口译网络教育,从实践层面逐步实现为国家战略提供专业外语人才储备和智力支撑的目标。

(二) 复合型商务英语人才培养

1. 复合型商务英语人才的定义

《普通高等学校外国语言文学类专业本科教学质量国家标准》(以下简称《国标》)指出,复合型外语人才指具有扎实的外语基本功和专业基础知识,拥有深厚的人文素养和家国情怀,国际视野宽广,掌握语言文学和其他相关学科理论与知识,具备良好的跨文化能力、沟通能力与思辨创新能力,能胜任相关领域工作的外语人才(教育部高等学校教学指导委员会 2018)。目前,我国复合型外语人才主要分为复合型和复语型两类(蒋洪新 2019):前者特指"外语+专业"复合型,如"英语+商务"(商务英语专业/方向),是学科外部交叉的复合型外语人才;后者是指"外语+外语"的复语型,如"英语专业+西班牙语"形成的英西复语专业等,是学科内部交叉的复语型外语人才。很显然,商务英语人才属于复合型外语人才。

《指南》将复合型商务英语人才定义为具有扎实的英语基本功、相关商务专业知识、良好的人文素养、中国情怀与国际视野、较强的跨文化能力、商务沟通能力与创新创业能力的人才。需要强调的是,复合型外语人才培养的核心是扎实的外语基本功,外语的主导地位不能被削弱;复合型外语人才培养是"主从复合"或"主次复合",而不是"并列复合",外语是"主",其他相关专业知识是"次",主次不能颠倒,外语和专业知识教学也不是平均用力(杜瑞清 1997)。

2. 复合型商务英语人才的培养目标

回顾外语专业的改革发展历史,外语专业从未停止过对复合型外语人才培养的探索。早在 20 世纪末,复合型外语人才培养理念就被正式提出。《高等学校英语专业英语教学大纲》(以下简称《大纲》)明确提出了复合型人才培养要求,阐明了复合型人才的规格,精心设计了复合型人才培养的课程体系(黄源深 2001)。《大纲》规定:"高等学校英语专业培养具有扎实的英语语言基础和广博的文化知识并能熟练地运用英语在外事、教育、经贸、文化、科技、军事等部门从事翻译、教学、管理、研究等工作的复合型英语人才。"也就是说,高校英语专业的培养目标是造就一大批复合型英语人才（黄源深2001）。复合型外语人才培养打破了传统外语人才培养的旧观念，树立了一种全新的人才培养目标，要求外语人才成为外语基本功扎实、知识面宽广、创新思辨能力强、应用能力强的新型外语人才。

《国标》对复合型外语人才培养的要求是对《大纲》外语人才培养目标的继承和发展。《国标》兼顾不同类型外语人才培养，将外语人才培养目标分为外语教育与学术研究类外语人才、复合型外语人才两类，突出强调三类人才规格：第一类是外语教育人才，即外语师资；第二类是学术研究人才，即从事语言文学研究的人才；第三类是复合型外语人才，即国家经济社会发展和"一带一路"建设需要的复合型外语人才。在复合型外语人才规格方面，《国标》没有具体规定复合型人才类型，为各类型、各层次、各区域高校的复合型人才培养预留了足够空间。高校可根据国家和区域经济社会发展需要、办学层次、办学定位和办学目标，培养各行各业需要的复合型外语人才，办出特色，避免千校一面。复合型外语人才培养要防止出现三种倾向：一是重技能轻素质，偏重语言技能训练，忽视文化价值观引导；二是重专业轻通识，过于注重学科专业性，思维能力、跨文化交际能力和人文科技素养培养欠缺；三是重应用轻文化，强调语言应用和实践，缺乏文化与文明互鉴（蒋洪新2019）。

五、商务英语人才培养模式

（一）人才培养模式改革的必要性

1. 满足不断变化的市场需求

《2017—2022年中国翻译行业发展前景分析及发展策略研究报告》指出，在翻译现实需求总量持续增加的同时，社会对人才的需求也在增加且不断随着时代发展而变化。经济全球化、信息革命与产业化促进了语言服务行业的变革。传统的文本翻译已经不再是翻译市场的唯一业务，翻译服务已转变成利用现代化工具进行的多元化语言服务。一是这些新兴的语言服务对翻译人员的技能和知识体系提出了新的要求，要求职业译者不仅要具备翻译能力和技术，还要具备一定的个人素质，如商务翻译人才不仅要具有翻译能力，还要具备跨文化交际能力，掌握管理知识和市场营销方法（王传英，崔启亮，2010）。二是专兼职员工并存是当前翻译行业的普遍现象，很多企业因节约人力成本，招聘的人员所承担的工作不会仅限于自身专业相关的范围。即使是专职的翻译人员，除承担口笔译业务外，有时还要负责部分管理、营销、市场调研等各种工作。三是市场对人才需求的改变,使得学校已经不再是唯一的教育主体,教育主体多元化、企事业合作多样化是时代的大趋势。与此同时,国际资金力争进入中国翻译市场,形成中国翻译行业发展的外在动力和挑战。因此,在建立学校与用人单位合作关系的基础上进行翻译教育,提高市场敏锐性,将商务翻译人才培养与商务行业、翻译市场结合,并将视野拓宽至国际翻译市场,以国际翻译产业的标准作为培养目标参考,实现高校与海内外企业、行业协同育人,培养的人才才能真正满足经济贸易领域商务往来的需求。

2.有助于服务国家发展战略

国家语委主任李卫红(2011)在"十二五"科研工作会议上提出,要大力加强语言服务研究,使研究成果更好更快地服务于政府的决策,运用于经济社会发展和满足人民群众的需求。在蓬勃发展的对外贸易中,高质量高素质的商务翻译人才担当着不可或缺的角色。商务翻译的水平能直接影响我国与国际商务领域之间的往来。2019年,我国"一带一路"沿线国家合计进出口总额高达315,446亿元,每年所需的翻译人才在50万人左右。但是目前的翻译市场,一是数量上尚不能填补需求缺口,二是质量上达不到行业标准,高校对高质量商务翻译人才的输出力量不足。"一带一路"倡议的实施,对商务翻译人才的培养提出的必然要求是翻译人才的国际化,通过国际协同育人模式实现商务翻译人才国际化,培养高质量的国际商务翻译人才,才能更好地为"一带一路"倡议服务。

3.有利于服务地方经济发展

国务院文件《中国教育现代化2035》提出"建成一批对区域和产业发展有较强支撑作用的高水平应用型高校,探索构建产学研用深度融合的全链条、网络化、开放式协同创新联盟"。地方为了主动服务和融入国家的发展战略,需要结合自身发展定位,借助"一带一路"的政策利好,打造内外统筹的全面开放新格局,以推进地方经济的大发展。而高校则需要立足地方、服务地方,提高人才培养与地方产业链的契合度和对地方经济的支撑度,在服务经济社会发展中体现价值。以地处中国—东盟自由贸易区重要位置的广西为例,伴随西部陆海贸易新通道建设,广西作为"一带一路"有机衔接重要门户的战略地位日益凸显。广西与东盟国家的密切商务往来,产生了对商务翻译人才的旺盛需求。广西高校外语院系重点储备东南亚语言翻译人才资源,服务于中国与东盟国家的经贸合作。据广西教育厅发布的数据,目前广西与沿线国家200多所院校建立了合作关系。同时,政府和相关部门加强与地方高校合作,建设了"全国东盟非通用语言翻译培训基地""中国—东盟博览会外语非通用语种人才培养基地""中国—东盟博览会东盟国家语言文化培训机构"等。这些翻译人才培训基地的建设，是政府与高校协同合作、发挥地方优势，积极为中国—东盟区域经济合作和文化交流提供翻译人才资源保障、服务国家外交、发展地方经济的重要平台。

（二）"赛教融合、产教融合"人才培养模式

"赛教融合、产教融合"能够促使商务英语教学更加贴合实际，而教师也能够根据实际开展充分的实践课程，让学生有大量时间练习英语，实现理论与实践相结合，从而达到全面提高学生职业能力与职业素养的目的。"赛教融合、产教融合"人才培育模式是近些年来对高校人才培育的一种改革尝试，期望能够将学习、生产与竞赛三者相结合，为社会培养出大批量的实践型人才，满足社会的需求。"赛教融合、产教融合"的教学模式能够在"产教融合"中加入"以赛促教、育学于赛、赛教结合"的教学理念，从而实现产教融合与赛教融合之间的统一，丰富了高校教学模式，使其更加立体化与多元化。

1. "赛教融合"人才培养模式的内涵

"赛教融合"提倡的是"以赛促教、育学于赛、赛教结合"的教学理念，希望学生能够通过比赛，进一步了解所学专业的基本技能及对应行业、企业对人才的基础要求。"赛教融合"是教学与竞赛的融合，因此教师需要摆脱传统的竞赛思想，对竞赛进行改革，使其能够常规化，进而更好地融入日常的教学过程中。同时为了能使竞赛活动更好地服务于教学，校方或是教师在筹备比赛的时候，应该灵活地运用评价方式使其能够多元化，进一步突出"能力本位"的教学理念，使学生的能力得到充分的锻炼。

2. "产教融合"人才培养模式的内涵

"产教融合"并没有明确的学术解释，但是由于其对人才培养及教学带来的优势，越来越多的研究学者投入"产教融合"模式的研究当中，希望能够进一步发挥其价值，提高人才培养的效率。由众多研究学者的研究探析可以发现，"产教融合"的根本就是校企之间开展合作，使学生能够在校内享受到学校与企业双方的资源，从而更好地实现实践型人才的培养目标。其次，产教融合教学模式的核心是以学生为主体，加强综合素质的培养，通过校企之间的合作，使学生能够充分掌握以行业发展为导向的最新技术知识，进一步为社会填充新鲜的人才血液，促进社会良性发展。

3. 教师在商务英语"赛教融合"中的作用

（1）以大赛为"契机"，实现专业人才培养的目标

应用型人才是高校的人才培养目标，同时也是教师为之奋斗的方向，因此在"赛教融合"教学模式中，教师就可以以"大赛"作为教学契机，通过"大赛"进一步强化对学生各项技能的培养，真正地实现专业人才培养目标。在"赛教融合"的教学模式中，教师带领学生参与英语技能各项比赛，让学生能够通过大赛认清专业的发展方向，掌握专业的基本需求技能。

此外，教师还可针对学生在比赛中的表现，给予学生一定的意见与指导，使其能够了解在学习过程中存在的不足，夯实英语的语言基础及基本商务技能。

（2）以大赛为"坐标"，贯彻能力培养的课程体系

在赛教融合的模式中，并不是只含有大型的比赛，为了能够使"赛教融合"的教学影响范围扩大，现阶段的教学课堂中充满着班赛、段赛与院赛这类小规模比赛。在这类小型比赛中，教师是赛项设置及评价标准制定的主体之一，在各个环节都能够对学生的表现进行指导与评价。教师在筹办比赛的过程中，多会参考行业的需求及社会发展的趋势，使得贴近实际需求的能力培养能够融入比赛中。学生就可以通过参与比赛感受到岗位的实际需求，从而提升自己的综合素质。

（3）以大赛为"抓手"，提升学生专业能力

教师是将实训、实践技能培养与商务英语课程教学相结合作为切入点，同时将大赛作为提升学生专业职业能力的"抓手"，全面落实商务英语的专业技能教学，强化学生应用商务英语进行交流的能力。此外，教师还可以分阶段地推进实践教学的计划，帮助学生逐渐地强化商务英语专业技能。

（4）以大赛为"纽带"，完成校内外的实训任务

实训是商务英语课程教学的重要教学任务。在"赛教融合"教学模式中，教师以大赛作为连接纽带，帮助学生更好地完成校内外的实训任务，从而成为一名优秀的商务英语人才。其次，教师在教学阶段充分地利用学校建立的校内外实训基地，不仅能为英语技能大赛做准备，更多的是引导学生锻炼商务英语技能，结合多功能的实训基地，在完成校内外实训任务之外，进一步提高学生的商务英语水平，让学生能够解决在比赛和实际工作中遇到的难题，从而实现高素质人才的培养目标。

4. 教师在商务英语"产教融合"中的作用

（1）实现专业课程与产业之间的对接

高校教师担负着理论知识与实践的教学重任。在产教融合的人才培养模式中，

教师可以实现专业课程与产业之间的对接，能够真正做到理论知识与实践能力的平衡发展。由于产教融合教学模式的特殊性，教师需要依据产业的现状及发展趋势，对学生需要开展的实践任务进行定位，这会影响学生在产教融合教学过程中对实际行业的认知与有关专业技能的学习。教师所进行的定位思考是商务英语课程目标及进度的调整依据，能够根据实际的岗位需求对课堂中教授的专业知识与技能进行明确，使得课堂教学能够更加符合产业发展，提高商务英语人才培养效率。

（2）将企业真实的工作项目引入教学中

教师能够将企业真实的工作项目通过产教融合教学模式进一步引入课堂教学当中。电商企业对于商务英语人才的要求就是其需要掌握一定的英语文案撰写能力及相关的英语讲解能力。这些技能并非通过理论知识的教学就可轻易掌握，而是需要学生通过多次的实践练习巩固才可以具备。学生尚未毕业之前，对行业的了解不够透彻，因此关于专业技能的练习就更加依赖于教师的引导，需要教师选择合适的切入点，强化学生的技能学习与掌握，并且依照行业的发展趋势，将企业的真正工作项目引进教学过程中，不断提高学生的技能水平，实现真正意义上的产教融合。

（3）结合创业空间，培养学生的实践能力与创新能力

教师能够将创业空间与产教融合教学模式相结合，在提高学生实践能力与创新能力的过程中，利用创业空间为学生提供即学即用的机会，帮助学生将所学的理论知识与实践操作相互联系，使学生成为学习的主动者，开拓思想，了解专业岗位的情况与需求，真正做到基于产业发展开展教学活动，以培养专业人才。

（三）商务英语专业"三双"人才培养模式

商务英语专业基于人才培养目标、市场需求导向和教育本质要求，切实践行"三双"人才培养模式，实现学生"人文素养＋职业素养"一体培养、"专业技能＋语言技能"同步提升、"学历证＋职业资格证"共同获得。"三双"人才培养模式的实践，一定程度上革新了商务英语专业人才的通用性培育与特色化培养路径。通过实践"三双"人才培养模式，高校可以在专业建设、教师发展、学生成才等方面获得阶段性成效。

"三双"人才培养模式的构建：

1. 明确人才培养目标

商务英语专业构建"三双"人才培养模式时，明确人才培育方向，应当将国家职业要求当作准则，满足企业对专业技工的需求。因此，将商务英语专业的人

才培养目标设置成该专业培育理念，使学生在德、智、体、美等各个领域都能获得发展，具有较高的文化素养、优秀的人文精神、职业素养，追求卓越的匠人精神、优良的就业水准；掌握较扎实的英语语言、国际贸易、跨境电子商务理论与实践知识，以及第二外语言知识；具备国际商务信息检索、商务谈判、商务翻译、外贸函电撰写、外贸单证缮制及跨境电商平台操作等专业技能；培养批发业、零售业、商务服务业的翻译工作者与涉外商务专业人员职业群，以及商务翻译、外贸业务和涉外商务管理等工作岗位的高素质技术技能型人才。

2. 合理设置教学课程

商务英语人才的培养必须结合市场情况开展。因此，在高校商务英语专业人才培养中，应结合就业目标设置商务英语课程体系。对行业、企业进行深度调研，在积极把握市场对商务英语人才的职责、职业水平、职业素质需求的前提下，从可持续发展的角度出发，完善人才培养对策，在科学安排英语语言课程、商务知识课的课时比例的基础上，积极提升商务英语学生的实践能力与整体素质。

3. 创新改革教学模式

改进现阶段的人才培养模式对于高校来说势在必行。以往的重理论轻实践朝着理论与实践能力协调发展的方向转变，督促教师在提高自身英语语言水平与商务实操技术水平的基础上，革新教材和教学方式，将"班级企业化"，使用项目教学等方式开展教学实践活动。此外，与高校聘请的外贸企业导师共同开展商务教学，将生产与课程教学融合，共同提高学生的实践能力。

4. 调整人才评价方式

商务英语专业人才培养的目标和方式的改变势必会使人才评估方法也产生一定的变化。商务英语专业的人才评价方式，首先，从现有的知识、简单技术评估方式朝多个角度、应用性评估规范、重过程性评价等方向改变，关注学生英语水平、商务实操水平、跨文化交流和人文精神的均衡发展。课程基础知识和实践实训考评尤其关注科学比例配置。其次，毕业设计鼓励实践成果的设计或推广。最后，人才评价方式不仅包括社会关注的专业英语等级考试，还将商务类、商务英语类资格证书、技能等级证书纳入对学生的考核和评价中。

（四）"互联网＋教育"人才培养模式

1. 细化高校人才培养目标

教育部在2018年下发的高等教育专业的教学质量国家标准中对各专业都提出了最新的行业发展标准，各高校应在此标准的基础上，进一步结合当地经济发展的需求，不断完善和细化商务英语专业的人才培养目标。

2. 完善课程体系建设

商务英语专业的教学目标是培养在商贸领域较熟练地运用英语听、说、读、译的能力，具有商务、财务与管理等方面的实际工作能力，能够成为具备用英语直接有效地进行日常和商务沟通及处理基本商务事务的高级技术技能型人才。也就是说不仅仅局限于英语听、说、读、写、译基本技能的掌握，还应熟练掌握商务英语听说、国际物流、跨境电商、市场营销和商务谈判等学科的知识。鉴于各高校教师队伍建设的局限性，"互联网＋教育"可以有效解决各高校在课程设置过程中所遇到的人才障碍。各高校可以通过大学慕课、智慧树、云平台等互联网教育平台为自身专业建设引入高质量的课程组，借助国家一流课程建设打造各自的专业"金课"，筛除自身授课质量薄弱的"水课"，不断强化本校商务英语专业建设的品质和质量，更好地服务于人才培养的实际。

3. 创建"课程＋证书＋竞赛＋挂职"师资培养模式

高校商务英语专业的学习主体是学生，而授课的主导在于自身师资水准。为了更好地贯彻《国标》对于专业建设的标准，各高校需要不断提升商务英语专业教师的授课水准和职业素养，创建"课程＋证书＋竞赛＋挂职"师资培养模式。首先，商务英语专业的未来发展必然是以课程为主题，依托"互联网＋教育"的互联网平台不断提升商务英语课程模块化建设，不断更新授课内容和学习授课方式；其次，以证书来量化师生的专业技能，对于商务英语专业而言，可以通过雅思、托福、BEC剑桥商务英语、商务英语翻译和国际报关员等证书来衡量师生的专业水准；再次，利用学以致用的方法，通过参加线上线下各类商务竞赛的方式，将课堂所学内容加以实际输出，同时不断提升授课教师的授课水准和质量，提升教师的职业素养；最后，强化授课教师的企业实践，通过不同形式的挂岗进修，让授课教师进一步接触当前经济发展的变化和趋势，不断完善最新的专业技能，以便更好地投入商务英语专业的授课实践中。

六、商务英语人才培养路径

商务英语人才是应用型人才，其日后的发展方向是国际贸易业，现代语言人才要求将语言技能和行业基本知识融合打通，在掌握基本翻译技能、胜任基本的英语口语翻译和书面翻译工作的同时，也要对行业动态和前沿理论有一定了解，以便能够更好地完成本职工作，并协助部门完成其他工作，成为一个"多面手"

人才。针对当前高校和企业在商务英语翻译人才培养中存在的问题，可从以下几个方面进行改善。

（一）制定商务英语人才培养目标

为了更好地适应当前的经济环境，满足当前对外经济贸易与经济合作对相关专业人才的需求，在培养商务英语专业人才的过程中，要使其具备各项综合能力，能够应对外贸机构、合资企业、外资企业的各项英语业务需求。要求英语专业人才具备扎实的金融理论知识基础，并具备较强的实际操作能力，要求其在英语水平方面不仅要达到一定的水平，还要能够熟练灵活地应用英语这门语言工具，在具备多项能力与语言优势的情况下获得更多用人单位的认可与青睐。从当前我国在商务英语人才培养方面的具体情况来看，绝大多数高校都将精力集中在相关理论内容方面。培养商务英语人才的目的是为新时期社会主义经济建设输送优质的人才，要求商务英语专业人才各方面能力均达到一定的水平，并且具备扎实的英语语言基础与口语表达能力，能够掌握大量的商贸知识内容，并且能够对现代化办公技术与设备灵活应用，在各项外贸与合资企业中能够从事外贸商务活动中的语言服务工作与文秘工作，具备较强的应用性。此项人才培养目标满足当前社会对商务英语人才的需求，能够为相关人才就业创造更多的有利条件。

（二）制定商务英语教育人才培养策略

商务英语教育人才培养策略指一定历史时期内，由国家教育部门制定的宏观的、指导性的、实效性的、和商务英语教育密切相关的、以商务英语人才培养为目的的教育政策和规划。

从纵向看，商务英语教育有四个层面，即国家层面、地方层面、企业层面和学校层面。国家层面的商务英语教育策略，即国家根据一定时期内国际、国内社会变化和需求制定出的宏观的商务英语教育方针和计划，如教育部定期出台的商务英语教育政策。地方商务英语教育策略，根据各个地区的地缘政治、经济、文化发展需求等制定的规划，即让国家规划与区域特色和需求相结合，调控商务英语教育运行发展过程。企业层面的需求和相应的规划，指企业根据特定时期国家的发展，地区的发展，甚至所在城市的发展，对所需的人才进行筛选和调整。学校商务英语教育规划，即高校的商务英语学科、专业、人才培养等规划密切结合本学校其他学科，实现学科融合交叉发展，具有一定灵活性和多样性。横向看有几个维度：学科、专业、课程、人才培养，即商务英语学科群建设、商务英语专业设置、商务英语课程体系、商务英语人才培养模式、商务英语人才能力指标体系。

1. 科学布局商务英语学科群

商务英语教育离不开学科布局、专业建设、科学研究及社会服务。人才是核心，学科是龙头，科研是支撑，服务是目标。

首先，需要以社会需求为驱动，有效规划商务英语学科群。商务英语专业结构要向需求导向转变，根据企业和市场的需求，动态调整人才培养结构。随着我国"一带一路"倡议的推进，我国对"多语+"复合型人才的需求越来越多，目前这方面还存在大量的商务英语人才缺口，培养模式要向产出导向转变。

其次，目前我国商务英语教育中还存在学校的人才培养供给和企业人才需求"两张皮"的现象。我们需要把企业需求和商务英语教学融合起来，并作为商务类院校和企业协同育人的一个基本手段；通过企业和教学的融合方法实现人才培养与规划、企业人才需求与使用的有机结合，实现商务英语科学研究和商务英语教育教学的有机结合；通过制定符合相关需求的人才培养计划提高商务英语人才的培养质量。

再次，政策落地的过程中，高校需要根据本地区、本高校的实际情况随时调整、创新教育组织形态，促进商务英语教育和国家战略与地区的商务产业圈的联动发展；在实践中，我们需要构建商科高校和企业合作的长效机制。

最后，应加强开设商务英语专业的高校间的交流，组建各个地区的商务英语教学专业委员会，开展学校和学校之间、地区和地区之间的常态化合作，尽可能地实现商务英语资源的网络共享。总之，学科建设是高校立校之本。

2. 提升商务英语专业交叉特色

高校需要与时俱进、充分利用数字网络教学的优势，优化专业结构、提升专业内涵。要遵循"学生中心、产出导向、持续改进"教育理念（严明，2020），建立以企业为主体、市场为导向、商务英语教学和研究深度融合的商务人才教育专业体系。做到人才培养和科学研究服务面向清晰，根据国家和区域需求，明确商务英语专业定位，深化商务英语教育中的企业和学校融合，促进商务英语教育链，商务英语人才链与企业商务链的有机衔接。交叉学科的建设更多应该是专业和专业之间的交叉融合。商务英语专业建设中尤其要注意外语专业和商务专业的交叉融合，例如，商务英语专业和企业管理专业融合成国际企业沟通专业方向，商务英语专业和经济学专业融合为国际语言经济方向，商务英语专业和国际贸易专业融合成语言服务贸易方向，等等。

(三)完善课程体系建设

针对当前商务英语翻译课程建设不系统的问题,高校可以成立专门的课程改革小组,集中优秀师资资源,对传统商务英语翻译课程进行研讨,根据行业发展趋势和现代化商务语言人才素养需求特征,针对性地制定更加创新科学的课程体系。针对口语翻译和书面语翻译,要设计有区分度的课程。商务英语翻译能力的训练不是独立的,首先要让学生具备足够的听、说、读、写能力,在能够流利进行商务英语阅读和具备足够的读写能力基础上,再进行翻译技巧训练。因此,翻译课程也要和其他课程相衔接、配合,形成商务英语能力系统性培养的课程体系。

随着信息技术的发展,各个高校可以借助网络数字技术,实现校际合作、校企合作、区域合作、资源共享等。如部分高校成立校际联盟,开展学分互认。针对大数据和人工智能时代的新要求,对原有课程进行升级、换代和新建。例如原有的"商务沟通基础"课程是否可以考虑更换为"大数据商务沟通"或者"智能商务沟通"。要注意的是课程的更新换代,不是换个名字,而是课程内容、教学材料、授课方法的全部更新。努力营造课内课外、线上线下、实体虚拟相结合的智能化教学环境。在调整商务英语专业课程时,一定要做到"小逻辑"服务于经济社会发展的"大逻辑"。不是更换几门课程,而是要根据新形势重新组建商务英语课程群,做到系统科学地规划和建设。在构建商务英语课程前需要做一定的需求分析,包括对学生学习需求的分析,用人单位对毕业生使用情况的满意度及新时期的需求分析。

高校在进行商务英语课程建设时,要把握好新理念、新内容、新方法、新技术。商务英语"金课"需达到以下标准:(1)"高阶性",即商务和语言知识能力素质有机融合,培养学生解决复杂商务问题的综合能力和高级思辨能力;(2)"创新性",即商务英语课程内容需具备创新性,反映商务课程的时代性,鉴于商务英语教学具有较强的实践性,因此其教学形式需体现先进性和互动性,如利用人工智能和大数据手段教学,让学生完成商务项目的设计和模拟实施,等等;(3)"挑战度",即商务英语课程需要有一定难度,学生需要课前进行大量的资料收集和准备工作,课后进行相关实践和调研。

(四)重视实践能力培养

在培养商务英语人才的过程中,实践能力是一项非常重要的培养内容。在具体进行商务英语人才培养工作时,高校需要为相关人才提供更多的机会与平台,使其有足够的空间能够参与到各项实践活动中。通过各项在工作岗位中及工作岗位外的实践活动,相关人才能够将自身所学的商务英语知识内容应用到实际问题解决中。可以让英语专业人才参与到实践基地中,也可以让商务英语专业人才直接到岗位中进行实践锻炼。考虑到实践锻炼机会十分难得,因此可以让商务英语专业人才在实习岗位中参与实践,以此强化商务英语专业人才与实际情况之间的联系,为相关人才提供更多的实践机会。经过在真实工作环境中与真实商务英语业务内容的体验,能够引发商务英语专业人才对自身掌握的知识内容进行反思与检验,以此认识到自身商务英语专业知识存在的不足之处,经过实践的锤炼不断改进与完善。

此外,要在真实业务岗位或实践工作过程中让商务英语专业人才掌握解决问题的方式与方法,以及面对不同的对象如何进行有效的沟通交流,以此提高商务英语专业人才的职业能力与业务水平。在网络信息技术高速发展的时代背景下,培养商务英语专业人才的途径变得更加宽泛,也为商务英语专业人才提高自身水平与能力创造了更多的选择与机会。例如:可以通过微信公众号为商务英语专业人才提供沟通交流的平台,相关专业人才可以在此平台上分享自身的经验与专业知识内容,从整体上提高商务英语专业人才的职业技能。从当前商务英语人才培养情况来看,实践锻炼是培养商务英语专业人才的有效途径,通过实践,相关人才能够更好地了解企业自身的结构及当前的运行管理方式。另外,通过实践实习能够让企业对英语专业人才有更为全面的了解,有利于新员工更好地了解企业的具体情况,同时有助于企业开展人才招聘工作。

(五)企业和高校双主体教学

高校和企业各自具有自身教学资源优势,高校在师资力量、课程研发、教学设计方面有一定优势,企业在国际贸易方面有丰富的实践经验。当前以高校作为商务英语翻译人才唯一主体的形式已经不适应现代化英语人才培养,引入企业,可以将双方优势资源集中,为高校提供更多实践教学机会,为制定更加科学合理的课程教学方案提供建设性意见。未来应用型语言人才的培养也必将走多主体教学道路。

(六)遵循市场发展趋势

在全球经济一体化进程不断深入的背景下,国家鼓励企业走出去,引进来。因此,越来越多的企业逐渐迈向国际市场。在这样的环境下,企业对商务英语专业人才的要求也在不断提高。在培养商务英语专业人才的过程中,要充分考虑市场的发展趋势与需求，并对当前的培养方式进行进一步的改进与创新，尊重市场的客观需求，并以此为基础创新商务英语人才培养体系。在具体实践过程中，要重视现代企业实际应用需求，根据市场环境制订相应的商务英语人才综合素养培养计划，提高对商务英语专业人才实践操作能力的重视，让相关专业人才能够在真实的情境中掌握商务英语知识内容。

（七）拓展英语知识视野

国际化商务活动，会展现出各国不同的文化。由此可见，国际商务活动是在特殊的文化背景与语言环境下进行的，可以将其视为一种跨文化沟通交流活动。商务英语专业人才的文化知识水平会直接影响其在国际经济贸易工作中的结果，因此，高校和企业都不能松懈对英语专业知识人才视野与知识范围的拓展，特别是针对商务英语专业业务人员，需要进一步拓展其商务英语知识视野。在不断提升商务英语专业人才职业技能的同时，要培养其熟知世界各国的法律法规，要求其掌握金融保险、物流运输等行业的专业知识内容。另外，要让商务英语专业人才对各国的文化、经济、历史等进行充分的了解，并且掌握不同国家文化背景下的语言表达方式，以入乡随俗的状态开展各项商务活动。

（八）提高英语交际能力

全球经济一体化的深入发展，带来了较多的贸易模式与营销模式，使得市场竞争环境变得更加激烈。企业员工在进行国际经济贸易洽谈的过程中，需要具备较强的人际沟通交流能力，其中包含谈判能力、社交能力及应变能力等。因此，企业要结合自身的实际情况与未来业务发展需求，有计划性、有针对性地提升企业商务英语专业人才的职业技能。为此，要对商务英语专业人才的英语表达方式进行进一步的优化，要求其在语言沟通表达的过程中更加委婉含蓄。轻松融洽的环境有利于商务合同双方以清醒理智的状态做出明智的决定，保证双方利益。此外，还要提高商务英语专业人才应用商务英语的灵活性与应变能力。在进行商务活动过程中，经常会发生意想不到的状况，此时需要商务英语专业人才具备较强的语言应变能力，从而能够巧妙地化解双方的尴尬。最后，要提高商务英语专业人才的语言幽默性。在国际贸易经营过程中，幽默的语言风格能够为企业争取更多的机会，特别是在进行谈判时，风趣幽默的语言风格能够使原本对立的双方变得和谐，为企业争取到更深层次的沟通交流机会。因此，企业要重视提高商务英语专业人才的语言幽默能力，在维护好客户关系的同时更好地提升中国企业在世界贸易中的形象。

（九）加强宏观调控

商务英语人才培养存在招生增幅过快和同质化现象，亟须从国家层面进行商务英语人才培养的宏观政策研究与合理规划。要充分考虑新时期国家、地方经济社会发展对商务英语教育的新要求，该地区新兴产业发展对商务英语人才培养的新要求。每一所高校都担负着不同的人才培养任务，但目标应该是相同的——培养出的人才要满足社会的需求。

商务英语专业的学生是商务英语教学质量、办学质量的载体。当一个国家和地区处于转型和发展的关键节点，对高等教育和相关领域的人才的需求会井喷式地爆发。评判一个学校的教育质量的第一标准就是毕业生的社会认可度高。高校只有置身经济社会发展潮流之中，才能把握社会发展动向，在服务国家和区域经济社会发展中实现自身腾飞。经贸类、财经类大学属于地方应用型大学，最关键的是培养商科拔尖人才。各学校可以结合地区优势、校本特色，制订自己的卓越商务英语人才培养计划，并根据商科学校特色，集中最好的学生，选配最好的师资，给予最好的保障，用最好的教学去培养未来的科研商务领军人才。

（十）产教融合人才培养

1. 产教融合模式的目标与方向

经过多年的探索和发展，商务英语专业在人才培养方案、课程建设、教材编写、实训室建设等方面应践行"高融合""高精准""高视野"产教联动的品牌优质专业办学理念。同时，为深入学习贯彻习近平总书记重要讲话精神，落实国家教育精神，商务英语专业应始终坚持以就业为导向，以提高人才培养质量为目标，持续深化校企合作专业建设模式改革、工学结合人才培养模式改革，以及一体化教学模式改革；培养德、智、体、美、劳全面发展的复合型、应用型高技术技能专业人才。

（1）坚持立德树人、全面发展

结合同类高校先进办学理念，建立健全商务英语专业人才培养方案，完善产教融合教育教学模式，深化数字化教育教学改革，强调"互联网+"在该专业教学中的作用和运用，形成适合当代学生专业学习和职业规划的更具活力、更全面的发展环境。

(2)坚持服务产业转型升级、支持商务英语专业学生职业发展

坚持内涵建设不动摇,进一步夯实商务英语专业发展内涵,实现在校学生规模、教学质量、教师结构、社会效益相统一,为专业学生提供在校期间能进行B2B、O2O等网络平台实操及创业所需的硬软件支持,联系当地相关企业,开展校企合作、协同育人模式。

(3)坚持系统培养、多样成才

改变过往商务英语专业主要培养将来从事国际贸易方向工作的人才培养模式,考虑地方区域经济的多元化发展需求,结合地方区域经济结构体系,优化人才培养方案,拓展专业人才培养渠道。加强校企合作,开展产教融合,聘用企业资深专家,定期给专业学生进行行业产业介绍及相关平台实操演练,为商务英语专业学生毕业后就业多样化选择和多途径创业打下坚实的基础。

(4)坚持特色引领、推进专业水平提升

打造商务英语专业品牌,从而在专业建设体制机制、人才培养模式、教学模式等方面进行实践创新,形成商务英语专业特有的改革创新的产教融合和校企合作基地,推动该专业建设水平的整体提升。以特色求生存、促发展。坚持并不断创新和完善商务英语专业"三位一体"理论+实践的办学特色,以特色求生存、促发展,推动该专业整体办学水平的不断提高。

2.产教融合模式的优化举措

(1)坚持问题导向,实现重点突破

找准制约校企深度融合、服务地方区域经济等主要问题,分析制约商务英语专业发展的各种原因,通过拓展专业方向项目保证专业的招生规模和就业对口率。

(2)提升教学的信息化水平

积极将大数据、人工智能、虚拟现实等现代信息技术广泛应用在商务英语专业教学中,践行以学生为主体的现代化教学理念,结合企业工作流程,改革教学内容、教学方法及教学评价。

(3)建立校企合作示范基地

以企业教师工作站、学校技术服务中心为主要合作形式,探索双主体高技能人才培养、技术技能人才能力积累、企业职工培训新机制。进一步优化商务英语专业校内实训基地的体系结构、制度机制和文化环境,建成融教学、实操多功能一体化的商务英语专业校企合作实训基地。

商务英语专业人才的培养沿着深入研究校企合作机制建设,切实加强工学结合及校企融合的内涵建设,提高人才培养工作质量这条主线,围绕"外贸知识+

英语+实操能力"不断打磨人才培养模式和教学模式，构建起"订单培养+就业直通车"的以促进就业为导向的人才培养模式。有针对性地培养现代商业所需的专业人才，完善从人才培养到人才输送的产教联动渠道。通过校企联合开展商务英语专业教学资源建设，从课程建设、教材编写、实训室建设等方面打造"理论+能力+素质"相融合的高品质教学资源体系。同时引进优秀行业企业人才，打造专业水平过硬、理论素养一流的"双师型"教师团队，为商务英语专业学生提供全方位的教学培养指导。紧跟国家经济发展的步伐，瞄准区域产业结构的变化特点，服务地方经济，结合商务英语专业特性，加快专业与企业在"传统贸易+跨境电商"等方面多元发展，鼓励专业学生在校期间与企业和用人单位开展企业入校工作室，企业专家进驻学校给学生实质性的行业领域指导，并通过"线上+线下"的教学模式，让学生和企业能及时做到零距离沟通，进而在大三开始能找到合适的企业开展顶岗实习，拓宽学生的就业渠道，提升学生的就业质量。

最后，加强高校与地方政府、行企、企业等开展双方或多方合作，基于互惠互利及双赢原则，着力推动高校商务英语专业朝着"高融合""高精准""高视野"特色高水平专业大步迈进。

（十一）培养跨文化交际意识

1. 跨文化交际的优势

（1）提高的英语实践活动兴趣

将跨文化交际能力的培养作为核心，开展的商务英语教育模式具有一定的创新性和趣味性。语言寓于文化，生于文化，了解文化是语言实践活动的必然。如今的英语教学模式普遍"功利化"，教学过程中仅仅达到了传输单词、语法、做题技巧等目的，实践活动学到的英语也只是用来应付考试的工具，并没有实践活动兴趣可言。作为人才孕育之地，高校应该注重培养学生的综合素质能力。因此，重新审视英语教学环节，它不仅仅是知识的传递，更是文化的传播。语言背后的文化底蕴是丰富多彩的，中西方的文化差异会带来文化冲击，学生对未知的西方文化充满好奇心，有了这份好奇心就多了一份实践活动的动力，那么在英语实践活动过程中，英语文章不再枯燥乏味。它讲述的也许是西方的某个典故、也许是某位伟人的传记、也许是当地本土的一些民俗等。故事的趣味性缓解了复杂的英语单词所带来的乏味，进而提高学生的英语实践活动兴趣。

（2）加强的文化自信

跨文化交际应用于商务英语教学中还可以让我们明确地认识到中西方文化的

差异，在提升商务英语教学质量的同时，纠正部分商务英语的实际教学活动崇洋媚外的思想，加强商务英语的实际教学活动中学生实践活动的文化自信。当前，一些学生在商务英语的实际教学活动中文化自信方面效果较差。我国深厚的文化积累并不能在学生心中占领中心地位，将商务英语课堂作为文化传播的载体，客观地认识西方文化，同时也可以认真了解中国文化。在教学过程中潜移默化地培养跨文化交际能力，清晰地对比中方和西方文化之间存在的差异，并且在今后的交流中尊重差异，从而避免产生不必要的误解。这样跨文化比较也是一种重要的实践活动方式，通过正确的教学引导，使得学生在商务英语的实际教学活动中意识到我国文化的魅力所在，从而使商务英语的实际教学活动成为我国文化传承者、发扬人，促进我国文化的传播与发展。

2.跨文化交际意识培养困境

（1）教师自身跨文化交际能力不足

在当前高校的商务英语教学过程中，对于学生跨文化交际意识培养的主要困境就是教师自身的跨文化交际能力不足。虽然商务英语专业的教师在高校执教商务英语科目，但是他们大多毕业于师范院校的英语教育专业，在他们自身学习英语的过程中，跨文化意识并非其专业研究的主要范畴，并且他们中的很多人都没有跨文化的交流环境，其自身的跨文化交际能力也较低。即使有的教师在大学毕业后从事过商务英语的工作，形成一定的跨文化意识，但是对于英语国家的文化背景仍然知之甚少，并且在传统英语教学模式中缺乏跨文化意识培养的经验和能力。因此，跨文化意识培养在许多高校仍然是独立于英语教学之外的一项工作，教师无法在商务英语的课堂上为学生提供完整的、连续的跨文化英语教学。

（2）学生缺乏跨文化交际的语言氛围

商务英语的应用性比较强，学生除了需要掌握英语表达能力，还要懂得一定的商业礼仪，以应对未来的实际应用。但是，当前的商务英语教学仍囿于课堂案例，缺乏随机性和交互性，这让在商务英语中十分必要的语言对话练习，"缩水"成了机械刻板的题目练习，学生也难以感受到商务英语的应用逻辑和对话特点，因而难以发现自身在商务英语实际应用中的短板与弱项，同时也无法对自己的学习目标进行合理的规划。这就导致商务英语专业的学生对自身跨文化意识的感受始终处在一个朦胧的阶段，而这容易使学生在与英语国家的人进行交流时出现歧义，也容易使学生变得底气不足，畏惧在公共场合进行英语表达。因此，跨文化交际的语言氛围，对于商务英语专业的教学来说是十分必要的。

（3）课程缺乏对跨文化交际意识的培养标准

缺乏对跨文化交际意识的培养标准，是当前商务英语教学培养学生跨文化交际意识的另一大困境，它大大削弱了商务英语教学的针对性及教学效率。教师不知道在有限的条件下，如何才能有效地培养学生的跨文化交际意识，只能在教学过程中传递给学生许多模棱两可的内容，这就使得学生在学习英语的过程中，难以形成明确的跨文化交际意识，更无法产生主动与人交流的愿望，仍然在沿袭从前的应试学习方法，并且产生学习商务英语只需要通过考试就可以的错误认识，进而不注重对自身表达能力、情境迁移能力、逻辑转换能力等英语综合能力进行提升。

3. 跨文化交际在教学中应用方法

（1）借助语言本身的含义

商务英语教学中直接接触到的就是英语单词、句子及课文，作为英语课堂上最基础元素，剖析其背后蕴含的故事是传输文化的最直接和有效的途径。比如在乔治·华盛顿与樱桃树的故事中，教师可以借助华盛顿这一人物线索，深度挖掘与其相关联的西方历史。总而言之，在英语课堂上需要传授给学生的不仅仅是单词的含义及用法，更重要的是以这些语言形式为线索，拓展的文化知识面，为他们简述其背后的文化含义。因此，在大学商务英语的课堂上，对于教师的职业素养要求是极高的，教师的文化知识积累水平可以说就是教学的"天花板"，"天花板"越高能够接触到的知识水平也就越高。教师在教学过程中，要帮助学生树立正确的价值观导向，令学生可以正确理性地看待中西方文化之间的差异，而非引导崇洋媚外，忽视我们中国文化的价值和闪光点。

（2）丰富课堂教学形式

当代英语读写教材所覆盖的知识面不仅仅是单一的，而是多元化的，其中包括自然、文学和习俗等。因此商务英语教学课堂也不应该局限于教师单方面输出，应该多一些互动交流，更有助于促进学生对所学内容的理解和吸收。一方面可以增设课堂情景模拟环节，比如对于中西方饮食文化方面的差异进行模拟，在餐具使用方面，西方人习惯用刀叉，并且对餐具的摆放要求十分严格，不同的摆放方式所表达的意思是不同的；中国人则擅用筷子，位置摆放的不同也有不同的含义。由于学生普遍缺少跨文化交流机会，所以对国外文化知识的亲身体验很少，相比于书面知识，通过这样课堂情景模拟的教学设计进行实践活动，能够加深知识的记忆。还可以结合图像展示一些标志性的文化区别，如西服与汉服、西医与中医等。另一方面可以丰富教学方法，比如设计"找茬"环节，比较中西方日常行为习惯中存在的差别,像电话用语、见面礼等。还可以规划讨论小组,并给每个小组布置不同的特色任务,在课上再进行交流汇报,这样一来,知识面就得到了很好的拓展。

4.跨文化交际意识培养的对策

(1)聘请英美籍教师进行英文教学

聘请英美籍教师是当前高校商务英语教学应当考虑采纳的方法,这是因为英美籍教师本身就具有英语国家的语言文化背景,在教学中能提供给学生更为现实和具体的跨文化交际内容,从而对学生跨文化交际意识的培养起到更为积极的作用。英美籍教师在与学生的互动过程中,也可以逐渐消除学生与外国人进行对话时的抵触与畏惧心理,激发学生与外国人进行对话的欲望。另外,聘请英美籍教师进行英语教学,也能让我国的英语教师对其跨文化教学进行充分的借鉴和参考,从而结合我国商务英语应用的特点,为学生梳理出更为详尽的知识点,完善我国商务英语教学的思路和方法。

(2)为学生提供跨文化交际的语言氛围

为学生提供跨文化交际的语言氛围,有利于学生在现实环境中树立起英语交际的自信心,从而让学生更好地适应未来的商务英语的交流工作。因此,高校应当设法为商务英语专业的学生创造出跨文化交际的语言氛围,例如,可以让本校中的以英语为母语的留学生与商务英语专业的学生进行命题交流活动,根据学生在交际中的表现及交流的效果,对学生进行评分,并将成绩纳入学生的期末考试成绩中,以此来激励学生更加踊跃地去尝试跨文化交际活动。除此之外,高校也可以推荐商务英语专业的学生进入外贸企业进行实习,让学生能够直接对商务英语的工作氛围进行熟悉,建立起商务英语应用氛围的现实印象。

(3)设立跨文化交际意识的培养标准

由于跨文化交际意识是一个比较庞杂的概念,所以在培养学生的跨文化交际意识的过程中,首先,教研部门要对跨文化意识设立相应的培养标准,为教师指明教学方向;其次,教研部门应当就商务英语跨文化交际意识的培养目的圈定相应的教学内容,从而让学生的英语综合能力培养得到科学的指导,增强其跨文化交际意识。因此,在标准制定上,高校英语教师应当将涉及商务英语人才培养的商业应用、英语口语、跨文化语境三个方面的知识内容进行充分的整合,为商务英语课程教学提供相应的培养机制,从而让学生摆脱枯燥的死记硬背式的学习模式,进入更为科学高效的学习氛围当中。

跨文化交际意识的培养,需要尊重学生对跨文化语境的适应过程,从而让学生对跨文化的英语应用确立正确的看法,让科学的跨文化交际意识能够顺利地根植于学生的英语思维中。因此,高校的商务英语教师应当对学生参与跨文化交际的行为进行鼓励与指导,帮助学生增强商务英语专业能力和跨文化交际意识。

综上所述,自中国加入世界贸易组织后,我国对商务英语专业人才的综合素养提出了更高的要求。因此,需要重视并加大力度培养商务英语专业人才,兼顾商务英语专业人才的各项知识能力与素养水平,要求商务英语专业人才具备跨文化沟通交流能力与问题解决能力,还要培养商务英语专业人才具备文化意识,只有掌握各国的文化特点与风土民情,才能保证商务合作顺利进行。因此,在进行商务英语专业人才培养的过程中,需要重视相关人才的文化意识与素养,以此更好地应对新形势下我国企业及社会在发展过程中对商务英语专业人才的需求,提高我国企业在市场中的竞争实力,推动国际经济贸易可持续发展。

第四节　商务英语语言与翻译实践探究

一、国际食品贸易商务英语应用实践

经济全球化背景下,食品企业争相开拓海外市场,国际订单成为食品企业营收的来源之一。在国际化发展过程中,食品企业内部的人事管理也要做出相应调整。国际商贸业务的开展需要大量具备外语技能的语言人才,具体到食品国际贸易,具有优秀食品专业英语素养的外语人才是行业紧缺型资源。对国际食品商贸环境下的商务英语的语言特征和应用情况进行系统性研究,对商务英语翻译人才的培养具有重要意义。

(一)食品商务英语的语言特征

食品商务英语是食品国际贸易发展的产物,它是食品专业英语商务化应用的结果。与其他行业性英语一样,食品商务英语在词汇、短语和句子结构方面具有明显的专业特征。食品商务英语以食品行业文化为基础,内容含义具有明显的行业特征,是直接服务于食品国际商贸活动的语言类型。在词汇方面,食品商务英语主要是与食品生产加工和商贸活动相关的专业术语,单纯词数量众多,应用语境单一化。在句子结构方面,由于英语本身的语言结构特征和表达习惯及专业词汇多的原因,食品商务英语书面语和口语具有一定差异,具体表现为书面语长难

句较多，复合从句多，而口语为了交谈的顺畅和便捷性，以短句居多。

综合来看，食品商务英语有区别于一般英语的语境文化和词汇、语法方面的特征，但也有和通用英语相似的语言结构、表达习惯和思维方式，在教学过程和应用过程中需要灵活把握。

（二）食品商务英语的应用现状

食品商务英语在国际商贸活动中起着非常重要的作用，它是构建食品商贸沟通桥梁、促进食品国际商贸发展的重要因素。但纵观食品商务英语在当前食品行业国际贸易中的应用，可发现存在优质食品商务英语人才紧缺、语言人才素养不符合行业发展需求等问题，这成为制约食品企业业务发展和食品贸易活动顺利开展的突出因素。

究其原因，一方面，食品商务英语作为行业英语的一种，国内高校相关的语言课程体系建设不够完善，教学目标和教学手段有待进一步改革优化，教学质量有待提升，这直接导致了食品商务英语人才供应的脱轨；另一方面，课程体系建设缺乏对现实食品行业对语言人才需求的调研，导致课程体系建设和教学方向不符合当前食品国际贸易现实需求，这也是当前食品商务英语人才素养不适应行业发展的原因之一。

从具体应用过程来看，食品商务英语在食品国际贸易中的应用主要分为书面语和口语应用。书面语应用主要包括商务函电的书写、商务合同的撰写等。商贸函电的运用能够简明扼要地表达出合作意向，讲究语言简洁精练，用语专业准确，能够以简明的语言条列出合作程序和内容，进而达到有效节省食品商务合作过程中人力、物力成本的目的；口语应用则主要在食品商贸合作双方的面对面洽谈中，除信息的准确性和用语的规范性、专业性外，还需注意语气态度的礼貌性，要充分尊重不同国家语言文化，使不同语言文化背景下的商务人员能够实现高效的商务洽谈。但纵观当前食品商务英语在食品行业的应用现状，无论是食品国际商贸函电的书写还是商贸洽谈，由于语言素养的缺乏和优质语言人才供应不足的原因，食品商务英语在现实食品商务合作中的应用现状并不令人满意，许多食品企业临时聘请业余语言人才。由于缺乏科学系统的食品商务英语教学训练，临聘人员的语言素养不足以应付专业化程度较高的国际食品商务活动，在书写和交谈过程中容易出现信息表达不完整、不清晰，用语不规范、专业，未注意礼貌用语，误解异国语言文化，等等问题，严重干扰了国际食品商务项目的顺利开展。因此，从应用现状来看，当前食品商务英语在行业中的应用状况是不够理想的。

二、国际食用菌贸易商务英语应用实践

随着我国食用菌产品的出口数量与规模越来越大，其出口洽谈过程中对于商务英语翻译人才的需求越来越大。在食用菌贸易发展过程中，同时需要掌握食用菌专业知识和商务英语翻译知识的人才仍然是少数人群，掌握多门外语的人才更是凤毛麟角。但是即便面临如此情景，我国仍然需要出口大量食用菌产品，目前面临的情况一方面是要加快食用菌商务英语人才的培养速度，更快地培养出商务英语人才；另外一方面是应快速提升食用菌的商务英语翻译标准化与规范化的管理机制，便于食用菌出口洽谈与合作的使用。

食用菌的国际贸易商务英语翻译理论部分内容，主要是以展示食用菌的营养价值及其结构组成为核心，其次是展示食用菌产品的规格与价格，最后是展示食用菌产品的品牌与概念。随着食用菌国际贸易规模越来越大，食用菌现有翻译标准及翻译重点的变化正在逐步演变为食用菌药用价值或营养价值、来源地、品牌的翻译居首要地位，其次是食用菌的规格与食用菌的附加值，最后是食用菌的价格。观察这种变化可以发现其实食用菌本身的出口产品伴随着近年的发展，其品质与品牌价值正在不断提升。而国外进口贸易商越来越不重视价格的差异，这说明食用菌贸易商在洽谈实践过程中，商务英语翻译的侧重点会发生改变，沟通存在语言中心的变化。英语是国外很多国家的母语，沟通和使用均较方便。但是对于非英语母语国家的人而言英语是一种学习型语言，理论知识再好的人没有实践经验一样无法对话，从而成为"哑巴英语"。

食用菌国际贸易的份额与规模较大，食用菌国际贸易英语词汇量及英语表达的正确理解均对国际贸易的发展及变化产生重要影响。食用菌产品类别较多，其产品名翻译与营养成分翻译难度较大，加上野生食用菌、人工食用菌、药用菌等多种混合类型，导致国际贸易中人们对于食用菌的需求锁定或产品询价的发盘数量会非常多。相对于其他农产品，食用菌产品的出口贸易需要英语翻译的工作量较大。一方面需要英语翻译人员结合实际情况给出回复，另一方面还需要不断丰富不同食用菌的功能与价值，切合实际回答需求者的问题，最终确定发盘的数量及价格。在国际贸易专业术语有关于食用菌产品的内容翻译中，对食用菌产品及其相关词汇的翻译具有十分关键的作用。例如松茸是食用菌中营养价值较高的一种食用菌产品，松茸的英语翻译及其他英语翻译词汇，需要根据相应作用及价值进行整体记录与分析。松茸的国际贸易标准翻译为 Tricholoma matsutake，围绕松茸国际贸易的产品开发很多，在翻译中要注意对包装的翻译，例如真空包（vacuum pack）和干料包（dry bag）2种类型。

在野生食用菌的国际贸易交流中，越来越多的稀有品种得到市场的青睐，例如虎掌菌（Saarcodon imbricatum）、竹荪（Dictyophora indusiata）、牛肝菌（Boletus）、鸡油菌（Cantharellus cibarius）、青头菌（Russula virescens）、羊肚菌（Morehella esculenta）等。这些稀有的野生食用菌因为产量稀少，营养价值较高，所以越来越受到消费者的喜爱，各国商家纷纷大量进口此类产品。我国作为食用菌出口大国，为了满足国际贸易中食用菌需求方的购买意愿，需要清晰地介绍这些稀少野生食用菌的具体状况，以便更好地促成交易，还能展现我方供应商的专业性，加强合作黏度。

食用菌国际贸易英语翻译中的侧重点偏向在食用菌功能、营养价值、外形识别度及用法等方面，通过翻译的基础事项操作能够让食用菌快速得到国外商家的认可并与中国供应商建立合作关系。

对于国际贸易中食用菌的即食特点和食用菌国际贸易交流及交易过程，译员要掌握各个不同类别食用菌的特点及价值用法。需要规范国际贸易英语语法及词汇使用，按照国际贸易专业术语及国际贸易要求进行英语语法及词汇的记录。食用菌中存在一些特殊物质，如孢子、酶、蛋白这些词汇，要进行专业翻译，分别翻译为spores、enzyme、protein。根据食用菌的这种文字信息记录与翻译，注重把握准确度和完整性，认真阅读文献及国际贸易规则。在语句翻译时要使用规范的商务英语语法，不能简单地采取字面直译或普通英语语法进行翻译。

不同的国家拥有不同的文化，对语言及所属国家的文化概念拥有不同的理解和认识。在食用菌产品的国际贸易交流中，需要对包装颜色、包装文字、包装文化概念、包装思维都进行科学考评，要站在其他国家或购买国家的视角认真思考。

图 5-4-1　蘑菇混合产品示意图

如图 5-4-1 所示，本产品设计将蘑菇翻译为 mushroom，针对混合的不同蘑菇种类，冬虫夏草翻译为 cordyceps、红灵芝翻译为 red reishi、香菇翻译为 shiitake、灰树花翻译为 maitake。所有词汇翻译符合国际贸易英语翻译的特征，做到了广泛的辨识度，让松茸出口产品能够快速被市场认知，便于国际贸易成交。

三、纺织外贸商务英语应用实践

近年全球化经济发展持续推进，各个国家之间的经济技术与市场贸易交流愈发频繁。作为全球纺织品生产大国，我国纺织行业的对外国际贸易产业在此国际经济社会环境下也获得了良好发展，各大纺织企业开始走出国门、迈入世界经济市场。

（一）纺织商务英语语言特点

1. 专业性强

随着纺织企业对外出口贸易的稳定发展，纺织专业英语语言的重要性愈发明显。纺织行业作为一个劳动密集度高、知识种类丰富的产业，其涉及的理论内容和知识范畴都较为广泛，以至于纺织英语词汇中涵盖了大量的专业性词汇，如

Cashmere（羊绒）、Polyester（涤纶）、Cotton Yarn（棉纱）、Nonwoven Fabric（无纺布）、Twisting Machine（捻线机）、Cotton Spinning Machinery（棉纺设备）等。这类专业词汇不仅使纺织英语语言表达更加客观、科学，同时也对纺织商务外贸英语翻译工作者的纺织专业水平提出了基础性要求。另外，纺织英语的专业性还表现在对复合词、缩略词的大量使用上，如 ASTM（美国材料试验协会）、Azo Dyes（偶氮染料）、Double-Faced（双面织物）、Count of Cloth（织物经纬密度）等。这类词汇让纺织专业英语语言更加简易和直接，以达到准确叙事的目的。

2. 涉及范围广

纺织行业技术发展逐渐趋于多元，包含多个学科知识理论。随着纺织行业在国际贸易领域内的良好发展，纺织专业英语中开始涉及大量国际运输、产品包装、国际保险、关税等词汇，如 Through Transport（直接运输）、Bonded Warehouse（保税仓库）、Belt Conveyor（带式运输）等。这也使得在进行纺织专业英语翻译过程中，翻译人员还应该广泛了解国际贸易及物流行业的基础知识。与此同时，纺织英语中还存在 Data Warehouse（数据仓库）、International Marketing（国际营销）、Cash Sale（现货）等随着信息科技和国际商务的发展而产生的现代新词。翻译工作者需要不断地学习和积累，积极关注国际商务贸易发展动态，以便及时更新词汇库。

3. 多使用长句、复合句

纺织专业英语通常会采用专业术语、非限定用语、名词化短语等对整个句子的表述进行简化，以提高语言的精炼性。然而，很多时候为了让整体内容表达更加清晰和全面，纺织专业英语也会采用复合从句来增加句子表达的完整性，如"Because of its good adaptability in textiles, cotton has become the most widely used fiber in the world.（棉花因其在纺织品中具有良好的适应性，成为世界上使用最广泛的纤维）"。另外，为了更加详尽地表达出叙述内容所包含的逻辑关系和主体结构，纺织专业英语还会采用一些复杂长句来进行表达，如"The growth period of cotton is generally six to seven months, and it is inseparable from the appropriate temperature, moisture and high level of irrigation.（棉花的生长期一般为6-7个月，离不开适宜的温度、水分及高水平灌溉）"。

纺织商务外贸英语语言特点一方面在于具有较强的专业性，其语言内涵与商务贸易之间存在紧密的理论联系性，词汇中包含大量的商务贸易专业术语，因此对翻译人员商务水平有一定要求；另一方面，国际商务贸易活动覆盖范围较广、发展形势较快，存在极高的变化性，使得纺织商务外贸英语具有较为突出的前沿性，会随着国际贸易形势的变化不断涌现出大量的新兴词汇和语句表达方式，所以要求翻译人员快速掌握前沿商务英语词汇和语句表达。

（二）纺织商务英语翻译原则

1. 完整性

纺织商务外贸英语翻译涉及诸多重要的国际商务贸易活动，语言翻译出现信息传递不完整的问题会极大地阻碍商务贸易活动的顺利推进。由此可见，纺织商务外贸英语语言信息翻译的完整性十分关键。在翻译过程中严格保障语句信息的完整传递、尊重原文的语义内涵，是纺织商务外贸英语翻译最基本的要求。

2. 准确性

纺织商务外贸英语以服务国际商务贸易活动交流为目的，语言翻译贯串于商务交流的一系列过程，并且内容涉及经济贸易、商务方案、法律制度等多个领域，一旦某个环节存在翻译错误，就算只是简单的词义误差都可能造成极为严重的经济损失。因此，纺织商务外贸英语翻译一定要保证准确性，以纺织企业纺织商务外贸英语翻译为例，可以通过了解国际贸易发展形势、掌握纺织专业英语技能，以及深入了解各个国家文化内涵等方式有效提高翻译准确度。

3. 专业性

纺织商务外贸英语包含大量的专业术语，所以译员需要具备较高的专业性。翻译工作者对纺织商务外贸英语中常用的缩略词、名词化短语、专业术语等应当充分了解，从而保障纺织商务外贸英语翻译工作的高效开展。

4. 格式性

国际商务贸易活动涉及大量的书面文本，如商务合同、协议文件和贸易方案等。这类文本材料对句法结构和文本格式的规范性有着较高要求，所以在进行纺织商务外贸英语文本翻译过程中，应当十分注重语言格式的规范性和标准性，以免出现由格式不当引起的合作争议与商务纠纷。

四、跨境电商贸易商务英语应用实践

中国外贸电商业飞速发展，催生出一批批的新兴产业，带动一系列的产业链的发展。其中，不少外贸企业和平台征聘精通外语的人才，其工作内容是负责向外国客户介绍国内主打产品。对外介绍产品就是商务英语语言和翻译的重要应用之一。通过对产品或服务进行宣传推销，把产品或服务的特点或实用性告之于客户，以此建立双向的贸易关系。

当前，我国跨境电商在逐渐扩大，社会对商务英语人才的需求量也越来越大，需求量的增加为商务英语人才提供了更多的就业机会。从人才需求形式出发，跨境电商商务英语的人才需求与传统电子贸易的需求有着较大的差异，跨境电商需要综合性的人才。工作人员必须在掌握专业知识的基础上，熟练运作各个相关的程序，了解企业的运营方式，具备较强的策划能力与解决能力。跨境电商发展的商务英语人才不能只懂得英语知识，还要熟悉国家物流中的各项法律法规，了解跨境管理的方法等各项信息，对国内外消费需求进行分析，实现跨境交易。

面对顾客各种各样的提问，如能用通俗易懂、表达得当的商务知识传达给消费者，便于消费者对产品产生兴趣。如在交谈过程中，作为销售商可以向消费者介绍该商品的新颖："This is our newest product." 或 "This is our most recently developed product." 甚至可以向消费者传达 "They are of the latest patterns that can only be obtained in town." 以恰如其分的措辞，让顾客被产品特色所吸引。

以此场景为例：一位女士欲在海外购买一款女士手提包，面对各式各样款式的提包，难以抉择时，品牌经销商可以向这位顾客介绍 "We have a wide variety for you to choose. Here are our best selling lines. What do you use the bag for, Madam? Work or leisure? 在产品介绍过程中，以一种平易近人且充满鼓励性的口吻向客户介绍该提包的优点，如：① This new bag is to the taste of European market. 这款包在欧洲很受欢迎；② This bag we recommended has been a best seller for nearly one year. 这个款式的包深受欢迎，畅销了将近一年。该类句型体现了商务英语语言的说服力。而这种介绍产品或服务的方式的能力，是外贸人的必备技能。

互联网中包含大量的信息，可以快速交流互动，突破时间空间的局限性。和传统实体贸易相比，跨境电商的内容具有多样化的特点，交易距离远，需要相应的运输方式。在互联网交易平台中，各个跨境电商企业正在加快平台建设速度，消费群体对商品的需求量也日益增多，跨境电商之间的竞争越发的激烈，企业一定要深入了解群众的消费需求，从实际出发更具针对性地为群众提供服务。跨境电商的发展需要人才有较强的公关能力，在贸易中有自己的一套交流技巧，才能完成贸易谈判。商务英语与跨境电商应当紧密衔接。近几年，企业越发关注跨境电商人才素养，因此，要将知识能力转向实践技能，不能只停留表面的英语专业知识。

在跨境电商中使用的英语翻译可体现在网页的产品方面，具体为产品标题、内容介绍等。在对上述内容进行翻译时，需明确目标再开展翻译工作，尽量吸引用户的注意力，从而促使其产生购买和合作的欲望。

(一)产品标题的翻译技巧

1. 利用关键词

标题对于产品来讲尤为关键,可通过关键词的总结来突出产品特征。这样便可在较短的时间内吸引用户的关注,突出和强调产品的优势。部分人认为图片可能比关键词更有利于突出产品特征,但其忽视了搜索的途径。目前,多数买家均通过搜索的形式来获得产品信息,因此买家会先搜索标题,此后才有可能了解产品的图片信息。关键词的优势为重点明确,表述精炼。此外在提取关键词时也需注意不能过于复杂,否则便难以吸引用户的注意。

2. 创意翻译品牌

虽然我国的品牌在国际层面的发展势头良好,但仍需继续努力提升。在我国产品国际化发展的同时,翻译工作也面临着不同的问题。部分人士指出,中国品牌仅以拼音形式作为名牌并不可行,语言问题仍是我国国际化发展的重要障碍。对品牌进行翻译不但需依据中英翻译的规律,同时还需灵活选择适合的翻译技巧,尽量突出重点,且具有一定的创意,能够明显提高品牌的市场竞争能力。我国品牌"联想"被翻译为"Lenovo"便较为典型。最初其翻译为"Legend",主要为了突出品牌的创意性。此后改为"Lenovo",这一合成词的意义为"联想创新",不但符合品牌产品的特征,同时从翻译的角度来讲也具有较高的艺术性。

(二)产品详述翻译技巧

产品的详述内容便是从多个方面对产品进行介绍,主要的目的是引发买家产生购买欲望,能够更为全面地了解产品信息。因此在对产品详述内容进行翻译时,便需全面而深刻地把握原文,避免出现翻译的基本错误。如果想提升文章的说服力,便需以另一种角度进行思考,使用与英语表达习惯相符的方式进行阐述。在具体翻译过程中,翻译人员往往会觉得译文越长越好,且综合运用图片会获得更好的效果。而正确的翻译策略为图文结合,产品详述是买家先了解产品信息内容,因此信息的全面性更为关键。如针对"男女都可使用"进行翻译,部分平台会将其译为"For both males and females.",这种翻译形式本身并无过错,但较为复杂。因此翻译人员可在理解原文的基础上,将其翻译为"Unisex.",这样便可以更为简洁的形式让用户快速掌握内容。

(三)公司介绍翻译技巧

实施公司介绍的翻译工作时,由于部分电商不具备跨文化交际和国际文化的基础背景，因此均倾向于以自己国家的习惯和方式进行翻译，如大量介绍公司的背景等信息。文化差异可作为商务英语翻译的重要问题，翻译人员需给予必要的关注。合作双方需细化了解对方的需求，侧重对企业的服务态度和质量等优势进行介绍，同时详细翻译产品的优势功能。目前我国的电商平台多具有模式化的特征，创新性明显不足，在公司介绍方面并未突出产品的核心优势。因此在对公司介绍进行翻译时，不能一味照搬，需以创新性的思维作为指导，重点突出企业和产品的核心竞争力，这样才能有效赢得对方的信任，从而建立合作关系，不断提升销售量，为合作双方均创造出更高的经济与社会效益。

五、商务英语口译工作

随着"一带一路"深入发展和海峡西岸经济区的建设，国家需要大批既懂英语又懂商贸知识的复合型商务口译人才。学生通过在校期间的专业学习与各个涉外行业的商务背景知识的积累，能够熟练掌握视、听、说等语言技能，并发挥商务英语口语特长，为将来走上商务岗位，从事商务、外贸、英文导游、同声传译、交替传译、自由译者等工作奠定语言技能基础。近年来，随着中国对外开放力度的加大，国际会议的举办次数也在逐渐增加，急需具备良好的商务英语口语能力的同声传译工作者和交替传译工作者，尤其是体现在沿海一带的贸易服务业领域，如广州、上海、厦门等地。作为一名商务英语口译员，通常需要熟悉商务会议的流程、相关会议内容章程及会议主题的英文表达。会前工作既可使译员对现场突发状况有第二手的准备，也利于为译员语言思辨能力的触发机制提供发展空间。

发言人 →语言传达→ 译员 →转译语言→ 听众

图 5-4-2 商务会议转译流程

如图 5-4-2 所示，雷静（2010）将会议口译流程解释为译员通常需要将发言人的发言内容逐句进行实时翻译，需根据发言人的语速调整转译的节奏，并将其转译成听众悉知的语言。而译员在国际会议、商务会场等工作场所的信息输出，体现了商务英语口语在跨文化语境下的现场性和即时性。

在商务交往活动中，决定成败的不仅仅是生产力、产品质量等硬实力，商务应酬能力等软实力也扮演着重要角色。成功的商务交谈遵循礼貌、谦逊原则。在博弈和互动的过程中，口译人员既要坚持己见，又要尊重对方，做到既礼貌得体，又不卑不亢。

六、商务展会中商务英语应用实践

会展行业的迅速发展使其对商务英语专业人才的需求日趋增加。会展活动成为建立国内外企业间的一种新型企业关系的便利渠道，同时也成为各行业发展的孵化营。

举办一场国际性展会，需要主办方、译员、参展商之间的密切配合。商务译员作为中间的语言沟通桥梁，能为企业间搭建起合作之路。而具备良好的翻译素养和接待能力的商务英语人才，是每个企业都想征用的。在展会上，陪同译员需要熟知商务会展的相关产品词汇表达及会展业务流程，并需要具备良好的口语交际能力。例如：某企业主打产品是电子设备，作为译员，需要提前对该旗下的各个设备产品英文名称、材质、功能等进行了解。

参考文献

[1] 严明.《商务英语专业本科教学指南》与商务英语一流本科专业建设 [J]. 外语界，2020（1）：2-8；14.

[2] 陈曦蓉. 基于CBI教学理念的混合式教学模式探析——以"商务英语"课程教学为例 [J]. 中国电化教育，2019（12）：129-134.

[3] 王立非，任杰. 商务英语"金课"标准的"六性"与"六度"[J]. 浙江外国语学院学报，2019（3）：13-18.

[4] 朱慧芬."互联网+"背景下高职商务英语专业课程群"O2O"混合教学模式探究 [J]. 教育与职业，2019（10）：95-99.

[5] 史兴松，程霞. 商务英语专业人才的社会需求分析 [J]. 外语界，2019（2）：65-72.

[6] 柳超健. 商务英语专业跨文化交际能力框架与培养途径研究 [J]. 外语界，2018（3）：10-17.

[7] 边立志. 我国商务英语专业发展十年：成就、问题与对策 [J]. 外语电化教学，2018（1）：63-69.

[8] 王立非，葛海玲. 论"国家标准"指导下的商务英语教师专业能力发展 [J]. 外语界，2016（6）：16-22.

[9] 孙毅.《高等学校商务英语专业本科教学质量国家标准》的地方性解读：国标与校标的对照 [J]. 外语界，2016（2）：46-51；87.

[10] 谢媛媛，江峰，周蕗. 基于需求分析的高职商务英语翻译教学特点研究 [J]. 上海翻译，2016（1）：55-59；94.

[11] 郭桂杭，李丹. 商务英语教师专业素质与教师发展——基于ESP需求理论分析 [J]. 解放军外国语学院学报，2015，38（5）：26-32.

[12] 吕世生. 商务英语学科定位的学理依据：研究目标、主题与本体 [J]. 外语界，2015（3）：76-82.

[13] 伍敏. 中高职专业课程衔接的实践研究 [D]. 广州：广东技术师范学院，2015.

[14] 江进林，许家金. 基于语料库的商务英语语域特征多维分析 [J]. 外语教学与研究，2015，47（2）：225-236；320.

[15] 仲伟合，张武保，何家宁. 高等学校商务英语本科专业的定位 [J]. 中国外语，2015，12（1）：4-10.

[16] 刘法公. 论商务英语专业培养目标核心任务的实现 [J]. 中国外语，2015，12（1）：19-25.

[17] 李刚. 商务英语本科专业实践教学体系的建构——以西华师范大学商务英语专业为例 [J]. 外语电化教学，2014（6）：76-80.

[18] 赵颖，杨俊峰. 从图式理论谈商务英语口译能力的培养 [J]. 中国翻译，2014，35（3）：49-52.

[19] 翁凤翔. 论商务英语的"双轨"发展模式 [J]. 外语界，2014（2）：10-17.

[20] 吴朋，秦家慧. 构建商务英语学科教学知识的研究框架 [J]. 外语界，2014（2）：18-24；48.

[21] 俞建耀. 学生感知需求的调查分析：商务英语专业课程重构设想 [J]. 外语界，2014（2）：25-33；57.

[22] 王艳艳，王光林，郑丽娜. 商务英语专业人才需求和培养模式调查与启示 [J]. 外语界，2014（2）：34-41.

[23] 王立非，李琳. 基于可视化技术的国外商务英语研究进展考察（2002—2012）[J]. 中国外语，2014，11（2）：88-96.

[24] 王立非，李琳. 我国商务英语研究十年现状分析（2002—2011）[J]. 外语界，2013（4）：2-10.

[25] 吕世生. 商务英语学科定位的学理依据 [J]. 外语界，2013（4）：19-25；47.

[26] 田兰. 语言经济学视角下商务英语的生态位思考 [J]. 外语界，2013（4）：26-31.

[27] 徐珺，夏蓉. 商务英语写作多模态设计的实证研究 [J]. 外语界，2013（4）：32-39.

[28] 孙亚，王立非. 基于隐喻使用的《商务英语综合教程》评估 [J]. 外语界，

2013（4）：48-54.

[29] 周文萱. 商务英语写作教材研究 [D]. 上海：上海外国语大学，2013.

[30] 史兴松，徐珺. 跨文化商务交际学对商务英语教学研究的启示 [J]. 中国外语，2012，9（4）：65-70.